Les grands articles du code civil

collection
À savoir

créée par
Évelyne Pisier
et Olivier Duhamel

sous la direction
d'Olivier Duhamel

ISBN 978-2-247-16147-8

Les grands articles du code civil

3e édition

2018

Alain Bénabent Denis Mazeaud

DALLOZ

Sommaire

Titre préliminaire
De la publication, des effets et de l'application des lois en général

Livre Ier. Des personnes

Livre II. Des biens et des différentes modifications de la propriété

Livre III. Des différentes manières dont on acquiert la propriété

Livre IV. Des sûretés

Avant-propos

De la décision de rédiger un petit ouvrage consacré aux grands articles du Code civil, on pourrait dire bien des choses en somme...

Qu'il faut être bien audacieux, pire bien prétentieux, pour croire que ce monument législatif peut être visité, partiellement au demeurant, à si grandes enjambées, sauf évidemment à en dénaturer fatalement l'esprit!

Qu'on aurait bien aimé savoir les critères qui ont conduit ses coauteurs à accorder le label de « grand » article à ceux qui ont acquis droit de cité dans ce livre minuscule!

Qu'il faut un brin d'insouciance, voire d'inconscience, pour croire qu'il est possible d'enfermer en quelques dizaines de pages, une œuvre juridique qui constitue le fruit de siècles d'intelligence et de culture!

Qu'on se demande comment il est possible de ne pas trahir l'essence et la substance de textes, dont certains ont plus de deux siècles d'existence, en leur consacrant des commentaires qui ont, semble-t-il, pour qualité essentielle, la concision!

Qu'il faut sacrifier, sans modération aucune, à la mode éditoriale du *fast law* pour élaborer le plus petit livre qui puisse se concevoir sur ce que les juristes français, et quelques autres aussi, considèrent comme le fleuron universel du génie juridique !

Qu'on se demande pourquoi, même si n'est pas Duranton qui veut, un duo a été nécessaire pour rédiger ce livre rabougri, là où les exégètes du Code civil lui ont consacré, en solo, des milliers de pages chacun ?

Puissent les lecteurs de ce livre à quatre mains faire justice de cet avant-propos !

Article 2

« La loi ne dispose que pour l'avenir; elle n'a point d'effet rétroactif ».

À une époque où l'inflation législative fait rage, l'articulation des lois nouvelles et des lois anciennes, qui les ont précédées et qui par hypothèse portent sur le même objet, constitue une entreprise particulièrement complexe. D'autant que les difficultés d'ordre technique doivent composer avec des impératifs d'ordre politique, puisque, pour paraphraser Jean Carbonnier, toute loi est non seulement une norme, mais aussi un procédé de gouvernement (*Essai sur les lois*, Defrénois, 1995, p. 269).

Faute de dispositions transitoires spéciales insérées dans la loi nouvelle, la question est résolue grâce aux règles générales de conflits de lois dans le temps, dont l'article 2 du Code civil constitue le socle textuel mais pas le support conceptuel exclusif. Ce texte est, en effet, insuffisant pour déterminer le champ d'application temporel d'une loi nouvelle puisqu'il n'envisage, *stricto sensu*, que les rapports de la loi nouvelle dans le passé, c'est-à-dire durant la période qui a précédé son entrée en vigueur, au cours de laquelle s'appliquait une loi ancienne. Précisément, ce texte énonce un principe de non-ingérence de la loi nouvelle dans le passé. Concrètement, donc, une loi nouvelle ne peut pas remettre en cause ce qui a été accompli conformément à une loi ancienne, ni valider ce qui n'avait pas été fait valablement sous l'empire de celle-ci. Ainsi interprété, l'article 2 a une mémoire historique ; les codificateurs ont, en effet, entendu en finir avec les abus de certaines lois rétroactives de la période révolutionnaire. Et si, dans son discours préliminaire sur le projet de Code civil, Portalis affirme : « L'office des lois est de régler l'avenir. Le passé n'est plus en son pouvoir », c'est parce que la rétroactivité de la loi nouvelle revêt à l'époque une connotation péjorative, qu'elle est le ferment de l'insécurité et du désordre, qu'elle est le siège des atteintes à la liberté des individus, ce à quoi l'esprit individualiste et libéral qui irrigue le Code civil et le XIXe siècle répugne. Reste que, poussé à l'extrême, la loi que constitue l'article 2 est « contre-évolutionnaire », elle conduit à un immobilisme inopportun. Sans la rétroactivité, l'esclavage subsisterait et les crimes contre l'humanité seraient restés impunis (en ce sens, v. J. Carbonnier, *op. et loc. cit.*)... Mais le principe édicté par l'article 2 n'a pas valeur constitutionnelle. Libre, donc, au législateur, soucieux de doter ses réformes d'une très forte amplitude, de s'en affranchir et de voter des lois rétroactives qui, pour modifier le passé, doivent néanmoins désormais être justifiées par d'impérieux motifs d'intérêt général, preuve que le spectre de l'arbitraire attaché à la rétroactivité de la loi nouvelle demeure encore très prégnant.

Si on s'aventure, après avoir étudié sa lettre, à identifier l'esprit de l'article 2, il est possible d'y détecter un second principe de résolution des conflits de lois dans le temps : le principe de l'effet immédiat et exclusif de la loi nouvelle dans l'avenir. Respectueuse du passé, la loi nouvelle, supposée emporter un progrès par rapport à la loi ancienne et, surtout, incarnant les valeurs sociales nouvelles que le pouvoir politique entend imposer, régit l'avenir à l'exclusion de la loi ancienne qu'elle a vocation à remplacer. L'impératif d'unité de législation et d'égalité des citoyens devant la loi constitue une opportune justification de ce second principe qui conduit à soumettre à l'empire de la loi nouvelle toutes les situations juridiques qui se forment ou qui déploient leurs effets, postérieurement à son entrée en vigueur. Ce principe ne fléchit que pour les effets futurs des contrats conclus antérieurement à l'entrée en vigueur de la loi nouvelle. L'impératif de sécurité juridique et la prévisibilité qu'incarne le contrat commandent que ses effets demeurent régis par la loi en vigueur au jour de sa conclusion. Ce primat de la volonté individuelle, qu'incarne le contrat et de la liberté qui irrigue tout son régime sur l'intérêt général, qu'exprime la loi nouvelle, n'est remis en cause que si un ordre public impérieux l'exige.

Article 3

« Les lois de police et de sûreté obligent ceux qui habitent le territoire.
Les immeubles, même ceux possédés par des étrangers, sont régis par la loi française.
Les lois concernant l'état et la capacité des personnes régissent les Français, même résidant en pays étranger ».

Un citoyen espagnol agresse un citoyen français sur le territoire français, un citoyen italien possède un bien sur le sol français, un citoyen français épouse une citoyenne colombienne... Dans ces situations, plusieurs lois nationales peuvent légitimement prétendre régir la relation qui unit ces personnes de nationalités différentes. C'est le droit international privé qui, dans notre ordonnancement juridique, constitue l'« instrument de gestion de la diversité des droits » (D. Bureau, H. Muir Watt, *Le droit international privé*, PUF, 2009, spéc. p. 1) qui permet de résoudre ce type de difficultés. En son sein, en effet, existent des règles de conflits de lois qui, précisément, permettent d'identifier la loi nationale applicable à la situation juridique marquée par un élément d'extranéité et de désigner parmi tous les systèmes juridiques concernés, celui au sein duquel une règle substantielle sera mise en œuvre pour régler la question juridique posée. Concrètement, un juge français pourra donc, par le jeu de la règle de conflit, appliquer non seulement la loi française, mais aussi une loi étrangère pour trancher le litige qui lui est soumis.

L'article 3 du Code civil constitue le siège historique des règles françaises de conflits internationaux de lois dans l'espace, lesquelles ne font d'ailleurs pas l'objet d'une codification dédiée et spécifique. D'une manière générale, on relèvera, d'une part, que ce texte est rédigé sous une forme unilatérale, dans la mesure où s'il détermine le champ d'application de la loi française, il ne fait aucune allusion à l'éventuelle application de la loi étrangère ; c'est la Cour de cassation qui a, par la suite, procédé à une bilatéralisation des règles qu'il énonce. D'autre part, ce texte, qui date de 1804 et qui est resté inchangé depuis, s'il brille par sa brièveté, pèche surtout par ses lacunes. Aujourd'hui, il ne comporte que l'embryon du corps des règles contemporaines de conflits de lois, lequel s'est sensiblement enrichi depuis, par strates législatives et jurisprudentielles successives. Son exégèse permet d'identifier certains grands principes qui irriguent le droit positif des conflits de lois.

L'alinéa 1er conduit à soumettre toutes les personnes qui vivent sur le territoire français aux lois de police et de sûreté, quelle que soit leur nationalité. Cette première règle, illustration du principe de territorialité, en vertu duquel la loi nationale s'applique à tous ceux qui résident sur le territoire dans lequel elle est en vigueur, indépendamment de leur nationalité, repose sur le souci d'assurer l'organisation politique, économique et sociale du pays, que ces lois ont pour mission de sauvegarder.

En vertu de l'alinéa 2, les immeubles sont soumis à la loi française, indépendamment de la nationalité de la personne qui les possède. La règle a été bilatéralisée par la Cour de cassation et étendue aux meubles, de sorte que désormais tous les biens corporels sont soumis à la loi du lieu de leur situation. La souveraineté de l'État sur son territoire, dont l'immeuble représente une part, de même que l'impératif de sécurité des transactions, qui suppose que le statut juridique de l'immeuble soit régi par une loi unique, suffisent à justifier la règle énoncée par le texte.

Aux termes de l'alinéa 3 du texte, enfin, l'état des personnes (nom et capacité) et les relations de famille (mariage et divorce) des citoyens français sont soumis à la loi française, indépendamment du lieu où ceux-ci résident. Bilatéralisée par la jurisprudence, cette règle qui retient le critère de la nationalité permet d'assurer une continuité du traitement juridique des personnes et évite que l'on change de statut personnel en franchissant les frontières : marié en France, célibataire en Italie ; capable en Belgique, incapable en France.

Article 4

« Le juge qui refusera de juger, sous prétexte du silence, de l'obscurité ou de l'insuffisance de la loi, pourra toutefois être poursuivi comme coupable de déni de justice ».

Article 5

« Il est défendu aux juges de se prononcer par voie de disposition générale et réglementaire sur les causes qui leur sont soumises ».

Leur profonde complémentarité justifie que ces deux articles, intégrés l'un et l'autre dans le titre préliminaire du Code civil, fassent l'objet d'un seul et même commentaire. Si l'étude de leur lettre respective permet d'identifier le statut dont leurs rédacteurs avaient entendu doter les juges dans le nouvel ordre juridique instauré en 1804, avec l'expérience, ils autorisent aussi à apprécier le statut de la jurisprudence au sein des sources contemporaines du droit.

La mutation juridique fondamentale réalisée par le Code civil, ferment de l'unité du droit civil sur l'ensemble du territoire français, a provoqué l'affaiblissement sensible du rôle des juges, eux qui, sous l'ancien droit, exerçaient un quasi-pouvoir législatif, via les arrêts de règlement par lesquels les Parlements créaient, hors de tout litige, des règles générales, abstraites et obligatoires dans leur ressort. Le Code civil s'est par ailleurs traduit par l'avènement d'un droit légiféré, la loi devenant la source essentielle, si ce n'est exclusive, du droit civil. Aussi, une résistance des juges à cet ordre juridique nouveau, qui emportait un affaiblissement de leurs pouvoirs était à craindre, et c'est cette inquiétude d'une réaction judiciaire qui irrigue les articles 4 et 5, dont le contenu peut s'exprimer sous la forme d'une maxime : « les magistrats doivent juger autant qu'il est besoin, mais sans plus de conséquences qu'il est nécessaire » (R. Libchaber, « Les articles 4 et 5 du Code civil ou les devoirs contradictoires », in *Le titre préliminaire du Code civil*, Economica, 2003, spéc. p. 151). Parce que, comme le rappelait Portalis devant le Corps législatif, la justice est, pour l'État, « la première dette de souveraineté » (Fenet, T. VI, p. 358), les juges ont le devoir de juger ; devoir dont ils ne peuvent en aucun cas et sous aucun prétexte s'affranchir, à peine de déni de justice. Précisément, le juge doit rendre la justice, même en dépit des imperfections (insuffisance, obscurité, silence) dont la loi qu'il doit appliquer peut être atteinte, auquel cas il lui appartient alors de l'interpréter, pour accomplir sa mission. Mais, et c'est la prescription que l'article 5 édicte, le juge qui rend la justice ne peut pas, pour autant, se substituer au législateur et, usurpant les pouvoirs de celui-ci, édicter des règles de droit générales et obligatoires *erga omnes* à l'avenir. Singulière, sa décision n'a pour objet que la résolution d'un cas particulier, elle constitue du « droit sur mesure ». Il est donc interdit au juge d'énoncer, à l'occasion du litige qu'il a pour mission de trancher, une règle générale qui le transcende et qui s'imposerait pour résoudre les litiges futurs dont l'objet serait identique. Cette seconde règle légale du jeu judiciaire fonde aussi la liberté de jugement dont le juge est investi, dans la mesure où il n'est jamais tenu de juger à l'identique de ses propres décisions ou de celles rendues par ses pairs, lui fussent-ils supérieurs sur un plan hiérarchique.

Avec le temps, il est permis d'avoir une autre lecture de ces deux articles, envisagés alors comme le ferment, pour l'article 4, et l'essence, pour l'article 5, du droit jurisprudentiel. S'il existe, phénomène indiscutable que l'on peut constater à l'œil nu, d'innombrables règles de notre droit positif qui ont été créées par la plume des juges, précisément par la Cour de cassation, c'est l'article 4 qui en constitue le socle. C'est en palliant ses lacunes, en éclairant sa lettre obscure et en comblant ses silences, pour rendre la justice malgré les vices qui l'affectent que, d'une façon générale, le juge a contribué à l'évolution de notre droit et à son progrès malgré l'immobilisme ou les insuffisances de la loi. En rendant la justice en dépit des malformations de la loi, comme l'article 4 le lui impose, le juge non seulement dit le droit mais surtout crée du droit. Reste que l'incontestable vitalité du droit des juges est institutionnellement bornée par la séparation des pouvoirs qu'exprime l'article 5, lequel interdit au juge de créer du droit à la façon du législateur, sous la forme de règles générales et obligatoires à l'avenir pour lui-même ou pour ses pairs. Le droit jurisprudentiel n'existe donc que par la qualité de sa production et la force de sa persuasion auprès des juges qui l'appliquent alors spontanément et habituellement.

Article 6

« On ne peut déroger, par des conventions particulières aux lois qui intéressent l'ordre public et les bonnes mœurs ».

Cette règle, qui assure la suprématie de la société et de l'intérêt général sur les personnes qui la composent et leurs intérêts particuliers que traduisent les conventions qu'elles concluent, nous vient de loin. Déjà, en droit romain, les pactes privés qui n'étaient pas conformes aux lois et aux bonnes mœurs étaient nuls. Puis, au XVIIe siècle, dans son *Traité des lois*, Domat, un des pères spirituels du Code civil, écrivait « Chaque particulier étant lié à ce corps de la société dont il est un membre, il ne doit rien entreprendre qui en blesse l'ordre (...) ; tout engagement n'est licite qu'à proportion qu'il est conforme à l'ordre de la société (...) ; les promesses ou les conventions qui violent les lois ou les bonnes mœurs n'obligent à rien ». Sa présence dans le Code civil permet de relativiser l'individualisme des rédacteurs du Code et révèle que, ayant gardé en mémoire les excès de la période révolutionnaire, ils entendaient canaliser les volontés privées en soumettant le jeu au respect des notions d'ordre public et de bonnes mœurs, valeurs supérieures et ferments de la cohésion sociale, dont les particuliers ne sauraient s'affranchir par des conventions particulières.

En se livrant à une interprétation littérale du texte, la doctrine dominante au XIXe siècle, individualiste et libérale, soucieuse de ne pas porter atteinte à la liberté contractuelle, enseignait que celle-ci ne pouvait s'incliner que par ordre de la loi. L'avenir a démenti cette vision restrictive de l'article 6, et de même que l'influence des bonnes mœurs sur la liberté contractuelle n'est pas réduite au bon vouloir du législateur, (entendons par là que le juge peut aussi décider qu'une convention leur est contraire en dépit de tout support légal), de même, coexiste avec l'ordre public textuel, un ordre public virtuel qui dépend alors du seul pouvoir du juge.

Les deux standards visés dans l'article 6 pour encadrer la liberté contractuelle, dont la mise en œuvre effective est assurée par le recours du juge aux notions d'objet et de cause du contrat, ont connu des destins sensiblement différents. L'ordre public n'a, pour sa part, cessé de croître et de se diversifier. Quitte à simplifier, on est successivement passé d'un ordre public politique au XIXe siècle à un ordre public économique depuis le XXe siècle. Dans sa première variante, la notion d'ordre public a pour objet la préservation des institutions essentielles qui assurent la cohésion et la pérennité de la société française. Aussi, sont nulles les conventions qui portent atteinte à l'organisation de l'État (convention relative au droit de vote), à la famille (contrat relatif à l'obligation d'aide et d'assistance entre époux) et à l'être humain (convention de mère porteuse). À cet ordre public classique, s'est superposé, au XXe siècle un ordre public économique qui a plusieurs facettes. Imprégné de dirigisme économique, l'ordre public contemporain a d'abord comme objet l'organisation de l'économie (contrôle des changes) ; on parle alors d'ordre public de direction. Soucieux de restaurer la justice contractuelle dans les rapports entre contractants de force économique inégale, l'ordre public de protection, ensuite, préserve les intérêts du contractant faible (salarié, consommateur, assuré...) en instaurant, par des mesures préventives, ou en restaurant, par des mesures correctives, une véritable liberté contractuelle à son profit. Enfin, plus récemment encore, est apparue une nouvelle variété d'ordre public, d'inspiration néolibérale, dont l'objet réside dans le développement de la liberté de la concurrence et du commerce (ordre public concurrentiel), valeurs marchandes auxquelles la liberté contractuelle est alors asservie.

Au fil des siècles, la notion de bonnes mœurs, entendue comme les mœurs des honnêtes gens, comme la morale d'une classe sociale à une époque donnée, a, quant à elle, connu un recul très net. Cantonnée jadis pour l'essentiel au contrôle d'une morale sexuelle d'inspiration chrétienne dans les contrats, elle a progressivement disparu avec la montée en puissance d'une société contemporaine permissive et l'évolution (la dissolution ?) des mœurs qui l'a accompagnée.

Article 9

« Chacun a droit au respect de sa vie privée. Les juges peuvent, sans préjudice de la réparation du dommage subi, prescrire toutes mesures telles que séquestre, saisie et autres, propres à empêcher ou faire cesser une atteinte à l'intimité de la vie privée; ces mesures peuvent, s'il y a urgence, être ordonnées en référé ».

Même s'il a attendu plus d'un siècle et demi pour faire l'objet d'une reconnaissance légale spécifique en droit interne, puisque l'article qui le régit est issu d'une loi du 9 juillet 1970, le droit au respect de la vie privée était déjà assuré par la jurisprudence. La jurisprudence, en se fondant sur les textes du Code civil qui régissent la responsabilité civile (la bonne à tout faire du droit civil...) sanctionnait les atteintes portées à l'intimité des personnes qui emportaient des conséquences néfastes à leur tranquillité, leur épanouissement et leur sérénité.

Droit de la personnalité de nature extrapatrimoniale, ce droit, dont sont investies toutes les personnes physiques jusqu'à leur décès sans distinction fondée notamment sur l'âge ou la célébrité, avait déjà été érigé au rang de droit fondamental en raison de sa consécration européenne (Conv. EDH, art. 8.1 : « Toute personne a droit au respect de sa vie privée et familiale, de son domicile et de sa correspondance » ; Charte des droits fondamentaux, art. 7 : « Toute personne a droit au respect de sa vie privée et familiale, de son domicile et de ses communications ») et internationale (Pacte des Nations unies relatif aux droits civils et politiques, art. 17.1 : « Nul ne sera l'objet d'immixtions arbitraires ou illégales dans sa vie privée, sa famille, son domicile ou sa correspondance, ni d'atteintes illégales à son honneur ou à sa réputation »).

Si la vitalité et le domaine de ce droit *ratione personae* sont aujourd'hui extrêmement importants, il est plus délicat d'en déterminer le domaine *ratione materiae*. La frontière entre la vie privée, que les tiers doivent respecter et dont ils sont donc exclus, et la vie publique, qui relève de la liberté d'expression et du droit du public à l'information, est en effet très délicate à tracer. Certes, presque intuitivement, on intégrera dans le champ de la vie privée tout ce qui relève de la vie sentimentale, conjugale et familiale d'une personne, qu'elle se déroule d'ailleurs dans un lieu public ou privé, ainsi que ses mœurs, son domicile ou son identité, lesquels ne peuvent donc faire l'objet ni d'investigations, ni de divulgations sans le consentement de la personne. Mais, il est plus difficile, entre autres exemples, de se prononcer pour la santé ou la situation patrimoniale d'un responsable politique, l'appartenance à une loge maçonnique d'un magistrat, l'exercice de la vie professionnelle d'un salarié, etc.

Aujourd'hui, le droit au respect de la vie privée doit composer avec le droit, toujours plus prégnant dans notre société contemporaine, du public à l'information, corollaire de la liberté d'expression. D'ailleurs, la Cour européenne des droits de l'Homme, qui joue un rôle prépondérant aujourd'hui dans la détermination de l'intensité de la protection de la vie privée, affirme que ces deux droits sont dotés d'une force normative identique et qu'il appartient au juge de rechercher, au terme d'un contrôle de proportionnalité, si la fin (l'information du public) justifiait les moyens (l'atteinte à la vie privée). Au gré des évolutions jurisprudentielles, il est aujourd'hui manifeste que le droit au respect de la vie privée s'incline souvent devant le droit du public à l'information, notamment lorsque la révélation, qui porte sur un élément qui relève objectivement de la vie privée d'une personne, a pour objet un événement d'actualité, s'inscrit dans le contexte d'un débat d'intérêt général. Tant et si bien qu'insensiblement se produit une perte de contrôle de la personne sur sa vie privée, et une objectivation, si ce n'est une socialisation, de ce droit de la personnalité au nom de la liberté d'expression.

Reste que, et c'est sans doute en cela que l'article 9 a sensiblement innové par rapport au droit antérieur de facture jurisprudentielle, lorsqu'il sera démontré que l'atteinte a effectivement porté sur la vie privée d'une personne et qu'elle est illégitime, l'action exercée par celle-ci est simple à mettre en œuvre, puisqu'il n'est pas nécessaire, qu'outre l'atteinte, la victime apporte la preuve d'un comportement fautif imputable à l'auteur de l'atteinte, pas plus que celle d'un préjudice. Par ailleurs, le texte prévoit toute une gamme de sanctions, tantôt réparatrices (réparation par équivalent ou en nature) lorsque l'atteinte a été d'ores et déjà réalisée, tantôt propres à la faire cesser si elle n'est pas irrémédiable, tantôt préventives lorsqu'elle n'a pas encore été consommée.

Article 9-1

« Chacun a droit au respect de la présomption d'innocence.
Lorsqu'une personne est, avant toute condamnation présentée publiquement comme coupable de faits faisant l'objet d'une enquête ou d'une instruction judiciaire, le juge peut, même en référé, sans préjudice de la réparation du dommage subi, prescrire toutes mesures, telles que l'insertion d'une rectification ou la diffusion d'un communiqué, aux fins de faire cesser l'atteinte à la présomption d'innocence, et ce aux frais de la personne physique ou morale, responsable de cette atteinte ».

Dans un premier mouvement, on peut éprouver un sentiment d'étonnement en constatant que ce texte est « logé » dans le Code civil, alors qu'*a priori* la présomption d'innocence, règle juridique qui prolonge un commandement intemporel — *Ne jugez point* — relève plus de la procédure pénale, parce qu'elle semble au cœur des rapports qu'entretient tout justiciable avec son juge. C'est d'ailleurs cette conception que reflètent d'autres textes internationaux qui l'énoncent. D'une part, l'article 9.1 de la Déclaration universelle des droits de l'Homme qui énonce que « Tout homme accusé d'un acte délictueux est présumé innocent jusqu'à ce que sa culpabilité ait été légalement établie au cours d'un procès public où toutes les garanties nécessaires à la défense lui auront été assurées ». D'autre part, l'article 6, § 2, de la Convention européenne de sauvegarde des droits de l'Homme et des libertés fondamentales qui dispose que « Toute personne accusée d'une infraction est présumée innocente jusqu'à ce que sa culpabilité ait été établie » et qui l'intègre dans un article consacré au droit à un procès équitable. Aussi bien, comme l'a écrit Daniel Soulez-Larivière, dans sa pureté originelle, « la présomption d'innocence ne constitue que le fondement de pratiques procédurales permettant de se défendre et d'avoir ainsi droit à un procès équitable » et elle pourrait donc être légalement exprimée ainsi : « La présomption d'innocence est destinée à donner à chaque justiciable accusé, les garanties et les moyens de se défendre comme s'il était innocent afin de le demeurer » (*Dictionnaire de la justice*, PUF, 2004, v° *Présomption d'innocence*).

L'accueil par le Code civil de la présomption d'innocence révèle qu'elle s'inscrit dans une autre perspective, celle de la protection des justiciables contre les abus de la liberté d'expression et les excès du droit du public à l'information avec lesquels elle est, dans notre société contemporaine dominée par le droit de (tout) savoir, dans une situation de permanente tension. Dans le prolongement de l'article 9, et non sans symétrie formelle avec celui-ci, l'article 9-1 crée donc, indépendamment même de toute procédure pénale, un droit subjectif de nature extrapatrimoniale et opposable *erga omnes*, qui permet à chacun d'exercer une action en justice et d'obtenir le prononcé de sanctions civiles, qui s'ajoutent aux sanctions pénales du délit de diffamation. Sera passible de ces sanctions, celui qui aura publiquement présenté comme coupable, avant toute condamnation, une personne poursuivie pénalement mais qui n'a pas encore fait l'objet d'une condamnation définitive. La liberté d'expression et le droit du public à l'information ne sont pour autant pas sacrifiés, puisque les organes de presse peuvent toujours licitement faire état des poursuites dont une personne est l'objet, en indiquant l'identité de celle-ci et la nature de l'infraction qui lui est reprochée. Simplement, il ne faut pas que cette information contribue à disqualifier la présomption d'innocence en présomption de culpabilité : la publication doit conduire au maintien du doute qui profite légalement à la personne pénalement poursuivie...

L'action en justice accordée à la personne dont la présomption d'innocence a été bafouée en raison de la malveillance ou de la maladresse d'un organe de presse, lui permet, en théorie du moins, de faire juger que, présumée légalement innocente, elle l'était réellement. Ainsi, elle peut obtenir du juge, en référé si besoin, qu'il ordonne à l'organe de presse, responsable de l'atteinte, d'insérer sans sa publication un communiqué rectificatif, ce qui constitue à n'en pas douter la mesure la plus appropriée pour la faire cesser. La victime peut en outre exercer une action en vue d'obtenir l'allocation de dommages-intérêts du seul fait de l'atteinte constatée, indépendamment de la preuve d'un préjudice, puisqu'elle est titulaire d'un droit subjectif. Autre similitude avec le droit au respect de la vie privée dont elle apparaît comme un prolongement, non seulement quant à sa lettre, mais encore quant à son esprit.

Article 16

« La loi assure la primauté de la personne, interdit toute atteinte à la dignité de celle-ci et garantit le respect de l'être humain dès le commencement de la vie »

Article 16-3

« Il ne peut être porté atteinte à l'intégrité du corps humain qu'en cas de nécessité médicale pour la personne ou à titre exceptionnel dans l'intérêt thérapeutique d'autrui »

Article 16-5

« Les conventions ayant pour effet de conférer une valeur patrimoniale au corps humain, à ses éléments ou à ses produits sont nulles »

Il a fallu attendre la toute fin du XXe siècle, précisément deux lois du 29 juillet 1994, pour que le corps humain fasse enfin son entrée dans le Code civil, qui l'avait jusqu'alors escamoté au profit de la notion désincarnée de personne. Cette longue absence s'explique, d'une part, par la difficulté à appréhender la nature du corps humain : chose, objet d'un droit de propriété ou d'un droit réel d'usufruit, ou personne elle-même, ou chose sacrée échappant aux classifications traditionnelles ? Le silence assourdissant du Code, pendant près de deux siècles, procède d'autre part de la difficulté de déterminer un statut du corps qui concilie les différents intérêts dont il est le support et les impératifs contradictoires au cœur desquels il est placé. Conflit, d'abord, entre l'intérêt de la personne, dont le corps constitue l'enveloppe charnelle, et l'action de l'État. Conflit, ensuite, entre les exigences de la recherche médicale et du progrès scientifique, qui conduisent à une certaine réification du corps, et la dignité de la personne. Conflit, enfin, entre la liberté individuelle, qui se traduit par les pouvoirs dont chacun dispose sur son propre corps, et l'ordre public, qui canalise ce pouvoir pour que le corps ne soit pas réduit à l'état de marchandise.

Désormais, les textes du Code civil qui composent le statut juridique du corps humain constituent à la fois une charte qui fixe la mesure de la liberté que chacun peut exercer sur son corps et un pacte social sur l'utilisation du corps à des fins thérapeutiques.

Les pouvoirs de la personne sur son corps sont, en droit positif, encadrés par trois principes d'inégale intensité. Le principe d'indisponibilité, d'abord, dont le support textuel réside dans l'article 1128 du Code civil aux termes duquel « Il n'y a que les choses dans le commerce qui puissent être l'objet de conventions ». En perte de vitesse, ce principe a été exploité par la Cour de cassation, lorsque celle-ci a, dans un arrêt du 31 mai 1991 rendu en Assemblée plénière, décidé que « la convention par laquelle une femme s'engage, fût-ce à titre gratuit, à concevoir et à porter un enfant pour l'abandonner à sa naissance » est illicite. On relèvera que cette règle jurisprudentielle a, depuis, été codifiée dans l'article 16-7. Le principe de dignité de la personne humaine constitue, ensuite, le deuxième pilier sur lequel repose le statut juridique du corps humain. Il s'oppose à tout acte dont l'effet consisterait à porter atteinte à ce qui consacre l'appartenance de chacun au genre humain. La Cour de cassation, dans un arrêt rendu par sa première chambre civile le 16 septembre 2011, s'y est référée pour décider que l'exposition de cadavres humains à des fins commerciales était illicite. Aujourd'hui, enfin, c'est le principe de non-patrimonialité du corps humain qui, sans doute, exprime l'esprit de notre droit positif quant aux pouvoirs dont chacun dispose sur son corps. En substance, à l'aune de ce principe, parce que le corps relève du domaine de l'être, il ne peut pas basculer, à la suite des actes dont il est l'objet, dans la sphère de l'avoir. Les actes dont il constitue l'objet ne peuvent donc pas appréhender le corps comme une marchandise, car s'il est désormais, à certaines conditions, dans le commerce juridique, le corps humain n'est pas sur le marché économique. Aussi, les actes accomplis par une personne sur son corps dans l'intérêt d'autrui (don d'organe, de sang, de gamètes, d'embryon) ne peuvent l'être qu'à titre gratuit.

Envisagé dans ses rapports avec les tiers, le corps humain est protégé par le principe d'inviolabilité contre les atteintes susceptibles de mettre la vie ou la santé de la personne qu'il incarne en péril. Ainsi, sont prohibées les atteintes à l'intégrité physique portées, non seulement, dans l'intérêt légitime d'autrui contre la volonté de la personne, mais encore dans l'intérêt de la personne elle-même, sans qu'elle ait manifesté son consentement en ce sens. Reste qu'exceptionnellement ce principe fléchit au nom des impératifs de sécurité ou de santé publiques, voire sur l'autel de la solidarité sociale.

Article 16-7

« Toute convention portant sur la procréation ou la gestation pour le compte d'autrui est nulle ».

C'est sous cette forme que la loi a codifié en 1994 la réaction que venait d'avoir la jurisprudence confrontée à l'apparition des mères porteuses.

S'inscrivant dans la grande tradition du droit français, plus humaniste que mercantile, et séparant notre droit de ceux d'autres pays, parfois peu éloignés, cette prohibition suscite vingt ans plus tard deux séries de débats.

D'une part, fallait-il, à l'occasion de l'ouverture du mariage aux couples homosexuels, déroger à cette prohibition pour eux, seul moyen de permettre la parentalité aux couples masculins ? À juste titre, la loi du 17 mai 2013 a refusé de rattacher au mariage une question qui concerne en réalité toute parenté, aussi bien hors mariage qu'en mariage. Et cette question ne dégageant pas une majorité semblable à l'ouverture du mariage, elle a été reportée *sine die*.

D'autre part, d'autres pays admettant le recours aux mères porteuses, faut-il reconnaître en France des enfants issus de cette pratique licite à l'étranger ? En 2008, puis en 2011 et de nouveau en 2014, la Cour de cassation a choisi la voie ultra-radicale de leur refuser tout état civil. Pourtant, une chose est d'interdire une pratique, autre chose de faire subir à ceux qui en sont issus les effets de cette prohibition (ressuscitant, à près d'un siècle de distance, le statut de paria des enfants adultérins victimes d'une faute d'autrui...).

La Cour européenne des droits de l'Homme ne pouvait manquer de réagir : d'où le 26 juin 2014 une condamnation de la France (encore une : mère des droits de l'Homme mais non adepte ?), qui devrait déboucher sur un infléchissement : est-ce méconnaître la dignité humaine que reconnaître l'existence juridique d'êtres humains ?

Article 143

« Le mariage est contracté par deux personnes de sexe différent ou de même sexe ».

C'est avec une sobriété de style empruntée au Code originaire que la loi du 17 mai 2013 y a introduit la révolution du « mariage pour tous ».

Chacun a encore à l'esprit les soubresauts publics qui ont accompagné cette initiative, comme une sorte de réplique de ceux qu'avait provoqués quatorze ans plus tôt la loi créant le PACS (v. art. 515-1). À y bien regarder, nul n'y a perdu pourtant quoi que ce soit : il est tout aussi possible qu'auparavant d'épouser quelqu'un de l'autre sexe si on le souhaite.

Ce qu'entendaient défendre les opposants relevait donc à la fois du privilège (réserver le mariage aux seuls hétérosexuels), d'une forme de ségrégation (que des personnes différentes n'aient pas des droits identiques) et d'un réflexe d'intolérance (les majorités répugnent toujours à l'égalité avec les minorités).

Le précédent du PACS permet toutefois d'envisager que la même acclimatation sans heurt parvienne à l'apaisement.

Et ce d'autant que la difficulté majeure agitée en épouvantail, à savoir la gestation pour autrui, n'a rien de lié au mariage puisqu'elle se présente dans les mêmes termes pour les couples non mariés (v. art. 16-7).

Article 212

« Les époux se doivent mutuellement respect, fidélité, secours et assistance ».

Symboliquement enrichi en 2006 du devoir de respect (que les tribunaux consacraient évidemment déjà), ce texte constitue le fronton des devoirs conjugaux.

Il le fait dans des termes volontairement généraux, servant d'enveloppe à un contenu que les tribunaux peuvent constamment adapter selon les mœurs.

L'originalité de ces devoirs touche leur sanction : les manquements ne donneront pas lieu à exécution forcée (ni possible ni souhaitable), mais constitueront autant de motifs pouvant justifier un divorce pour faute.

Si bien que, non sans paradoxe, c'est en définissant les fautes conduisant au divorce que les tribunaux précisent — après coup — quelles étaient les obligations dont chaque époux n'aurait pas dû s'écarter.

Littéralement, la *fidélité* commande de ne pas tromper son conjoint (même moralement), le *secours* de l'aider sur le plan matériel et financier, et l'*assistance* de le soutenir moralement face aux traverses de la vie, qu'elles soient de santé, professionnelles, familiales, etc.

Plus subtil et plus diffus, mais fondamental, le devoir de *respect*, inscrit dans la loi seulement en 2006, avait donné lieu depuis longtemps à d'abondantes déclinaisons : c'est une sorte de code de morale conjugale, fait des devoirs de sincérité, de patience, de loyauté, de maintien d'une certaine communion spirituelle, de solidarité et d'autolimitation : comme l'écrivait si bien Carbonnier, « le mariage crée une obligation particulière de réserve dans l'exercice de la liberté : un époux, avant d'agir, doit se souvenir qu'il n'est pas seul ».

Article 229

« Les époux peuvent consentir mutuellement à leur divorce par acte sous signature privée contresigné par avocats, déposé au rang des minutes d'un notaire.
Le divorce peut être prononcé en cas :
– soit de consentement mutuel, dans le cas prévu au 1° de l'article 229-2 ;
– soit d'acceptation du principe de la rupture du mariage ;
– soit d'altération définitive du lien conjugal ;
– soit de faute ».

Peu de questions sont, en droit et en sociologie, aussi sensibles que celle du divorce, de sa plus ou moins grande facilité, des cas et des modalités de son prononcé et de ses conséquences.

Innovation en France à la Révolution supprimée en 1816, réinstauré en 1884 de façon étroite (seulement en cas de faute assez grave pour rendre intolérable le maintien de la vie commune), le divorce a été « *dédramatisé* » par une première réforme en 1975, puis sensiblement banalisé par une nouvelle refonte en 2004 au point d'être soustrait au domaine réservé au juge par la loi « Justice au XXIe siècle » du 18 novembre 2016.

De sorte que coexistent désormais deux formes de divorce, l'une contractuelle et l'autre judiciaire.

– Le divorce par contrat et sans juge, nouvelle forme entrée en vigueur en 2017 dans la perspective principale de soulager les tribunaux, est ouvert à trois conditions :

– que les époux aient tous deux leur pleine capacité, sans tutelle, curatelle ou autre mesure de protection ;

– que leurs enfants mineurs, s'ils en ont, aient été informés de leur droit à demander à être entendus par un juge et ne l'aient pas exercé ;

– que les époux soient d'accord non seulement pour divorcer mais encore pour régler toutes les conséquences de ce divorce.

La convention soumise à un certain formalisme (mentions obligatoires, délai de réflexion) doit être non seulement signée par chaque époux et son avocat (obligatoirement chacun le sien), mais encore par un notaire qui l'enregistre et lui donne la force officielle qui permettra la transcription du divorce à l'état civil.

Cette nouvelle forme marque la « contractualisation » croissante du mariage : à partir de quoi certains se demandent aujourd'hui pourquoi un mariage que l'on peut défaire sans juge, c'est-à-dire en dehors de l'État, doit encore être prononcé par un officier d'état civil, représentant de cet État.

D'un point de vue juridique, ce simple « contrat » reste susceptible d'annulation en cas d'irrégularité, ce qui pourrait renfermer à terme de véritables bombes à retardement (en cas de remariage entre-temps, par exemple).

– Le divorce prononcé par un juge peut lui-même être obtenu par les quatre voies énumérées à l'article 229.

La première est celle du consentement mutuel qui n'a pu se borner à la forme contractuelle en raison de la demande d'audition d'un enfant mineur : le juge saisi doit vérifier que l'accord est libre et sauvegarde l'intérêt des enfants et c'est en homologuant la convention qu'il prononce le divorce.

La seconde voie, celle du divorce accepté, repose sur un accord imparfait des époux, qui ne porte que sur le principe du divorce en laissant au juge le soin de fixer les effets que produira le divorce (tant envers les enfants que dans les rapports personnels et patrimoniaux entre les ex-époux).

Les deux autres voies permettent à un époux d'obtenir le divorce contre le gré de l'autre et donc selon une procédure entièrement contentieuse. Le classique divorce pour faute a été doublé d'un nouveau divorce pour « altération définitive du lien conjugal », censée résulter d'une séparation depuis deux ans au moins (que peut donc provoquer lui-même celui qui veut reprendre sa liberté sans pouvoir ou vouloir arguer de fautes de l'autre).

En même temps qu'elles élargissaient l'accès au divorce, les réformes de 1975 et 2004 en ont dépouillé les conséquences de l'idée de sanction : à de très rares exceptions près, les effets du divorce sont aujourd'hui « neutres » et ne pénalisent plus l'époux le plus « responsable » du divorce (rendant donc désormais le plus souvent inutile une recherche qui peut être hasardeuse). Le sort des enfants, celui du logement et des biens ne dépendent que de la situation objective des ex-époux, de même que la prestation compensatoire, due par le plus favorisé à l'autre pour atténuer la disparité qui va résulter du divorce dans les conditions de vie respectives (en particulier à celui, souvent la femme, qui aurait sacrifié ou négligé sa carrière professionnelle pour se consacrer au foyer).

Article 270

« Le divorce met fin au devoir de secours entre époux.
L'un des époux peut être tenu de verser à l'autre une prestation destinée à compenser, autant qu'il est possible, la disparité que la rupture du mariage crée dans les conditions de vie respectives. Cette prestation a un caractère forfaitaire. Elle prend la forme d'un capital dont le montant est fixé par le juge.
Toutefois, le juge peut refuser d'accorder une telle prestation si l'équité le commande, soit en considération des critères prévus à l'article 271, soit lorsque le divorce est prononcé aux torts exclusifs de l'époux qui demande le bénéfice de cette prestation, au regard des circonstances particulières de la rupture ».

Article 271

« La prestation compensatoire est fixée selon les besoins de l'époux à qui elle est versée et les ressources de l'autre en tenant compte de la situation au moment du divorce et de l'évolution de celle-ci dans un avenir prévisible.

À cet effet, le juge prend en considération notamment :

– la durée du mariage;
– l'âge et l'état de santé des époux;
– leur qualification et leur situation professionnelles;
– les conséquences des choix professionnels faits par l'un des époux pendant la vie commune pour l'éducation des enfants et du temps qu'il faudra encore y consacrer ou pour favoriser la carrière de son conjoint au détriment de la sienne;
– le patrimoine estimé ou prévisible des époux, tant en capital qu'en revenu, après la liquidation du régime matrimonial;
– leurs droits existants et prévisibles;
– leur situation respective en matière de pensions de retraite en ayant estimé, autant qu'il est possible, la diminution des droits à retraite qui aura pu être causée, pour l'époux créancier de la prestation compensatoire, par les circonstances visées au sixième alinéa ».

La prestation compensatoire est une innovation, voire une invention, de la réforme du divorce intervenue en 1975.

Le problème est le suivant : au sortir d'un mariage, surtout s'il a duré longtemps et s'est accompagné de l'éducation d'enfants, les époux peuvent n'être pas tous deux en mesure d'assumer une autonomie financière comme ils l'auraient fait en célibat. Habitudes et renoncements de la vie familiale aidant, leurs revenus, leurs actifs, leurs droits à retraite peuvent être affectés d'une grande disparité, que la vie en mariage masquait par un train de vie commun.

Sans aller jusqu'à égaliser les fortunes, la prestation compensatoire a pour fonction de compenser cette disparité et de permettre au plus démuni d'éviter de sombrer brutalement dans le dénuement.

La condition du droit à prestation est seulement qu'il y ait disparité : la cause du divorce, même si c'est une faute, est en principe sans incidence sur ce droit; la cause de cette disparité aussi, même si elle est le prolongement d'une inégalité de conditions dès l'origine.

L'évaluation de cette prestation est l'œuvre du juge, à partir de nombreux paramètres énumérés à l'article 272, sur lesquels les parties doivent informer le juge de leur situation par une déclaration sur l'honneur. C'est assurément un travail délicat et qui comporte une irréductible part de subjectivité.

La modalité de cette prestation est en principe un capital (en argent ou plus rarement sous la forme de l'usufruit d'un bien, voire même de sa pleine propriété). Toutefois, le versement de ce capital peut s'échelonner (sur huit ans au maximum). Par exception, au cas où l'âge ou la maladie de l'un exclut toute autonomie, le juge peut décider d'une rente viagère à la charge du débiteur et ensuite de sa succession. En cas de changement de circonstances, cette rente peut être révisée en justice.

Au-delà des divergences d'évaluation, une des grandes difficultés de la matière est d'articuler cette prestation avec la liquidation du régime matrimonial, ce que les parties recherchent en priorité en l'absence de contentieux, mais que les tribunaux peinent à imposer dans les cas conflictuels.

Limitée au divorce, cette prestation compensatoire est devenue l'une des dernières spécificités du mariage : ni la rupture d'un concubinage ni même la dissolution d'un PACS n'ouvrent droit à son équivalent.

Article 310

« Tous les enfants dont la filiation est légalement établie ont les mêmes droits et les mêmes devoirs dans leurs rapports avec leur père et mère. Ils entrent dans la famille de chacun d'eux ».

Ce texte exprime l'essence même de la véritable révolution que notre droit de la filiation a connue en 2005, en intégrant le principe, imposé par la Convention européenne des droits de l'Homme, de non-discrimination, notamment selon la naissance.

Depuis des siècles, le droit de la filiation reposait sur une opposition fondamentale liée au mariage ou non des parents : seuls étaient « légitimes » les enfants de parents mariés, les autres étant dits « illégitimes » ou « naturels ». Ce clivage n'avait rien de propre à la France, ni même à la domination du christianisme qui gouvernait le droit de la famille (le terme « bâtard » existe dans toutes les langues...), mais traduisait le rôle essentiel que tenait le mariage dans l'encadrement social des individus. Il créait de fortes différentes de statut, non seulement sur le plan des droits à succession (« bâtards ne succèdent point » dans l'Ancien Droit), mais encore dans les conditions de l'établissement même du lien de filiation, souvent prohibé ou impossible en dehors du mariage. S'il nous choque aujourd'hui de faire ainsi supporter à l'enfant les conséquences des conditions de sa conception, nul ne s'en émouvait en un temps où la naissance commandait de façon beaucoup plus générale l'ensemble de la condition sociale.

Or la charnière du XXIe siècle a été marquée par une seconde révolution des droits de l'Homme, hélas non plus imposée comme la première par la France à l'Europe, mais en retour par l'Europe à la France un peu assoupie sur les lauriers de son titre de « patrie » desdits droits, mais qui s'était enfin décidée en 1981 à ratifier une convention remontant à 1950.

Le rejet des discriminations « selon la naissance » impliquait que tous les enfants fussent égaux non seulement quant à leurs droits, mais aussi quant à leur titre : pour qu'il n'y eût plus d'enfants « illégitimes », il fallait qu'il n'y en eût pas plus de « légitimes ».

La filiation est désormais unifiée : c'est un lien vertical de l'enfant avec chacun de ses parents, et qui est totalement indépendant du lien juridique horizontal pouvant exister ou non entre ces deux parents. Peu importe que ceux-ci soient mariés entre eux : cela ne servira qu'à connaître plus aisément l'identité du père, au seul plan de la preuve mais non du droit. Quoi que l'on pense par ailleurs du prétendu déclin du mariage et de l'idée d'engagement qui le fonde, on ne peut véritablement en critiquer ce volet, car les enfants sont en toute occurrence des tiers à cet engagement.

Pourquoi, se demandera-t-on sans doute, a-t-il fallu attendre ce début du XXIe siècle pour cesser de reporter sur un citoyen les conditions dans lesquelles il a été conçu ? Peut-être est-ce un signe qu'il reste au fond assez nouveau que le droit cesse de donner priorité à l'organisation sociale sur la considération de l'individu : en d'autres termes que les droits « de l'Homme » ne soient plus sacrifiés aux conceptions du groupe (lequel, en la matière, exigeait le mariage).

Mais il faut bien constater que le réflexe de tout pouvoir ne va pas dans ce sens (chacun choisira les exemples qui lui viennent à l'esprit...) et qu'il faut un effort permanent pour sauvegarder ce respect de l'individu au sein du groupe social.

La réforme de la filiation en 2005 est une belle illustration de ce respect.

Article 312

« L'enfant conçu ou né pendant le mariage a pour père le mari ».

Si célèbre que les réformes du droit de la filiation en 1975 et 2006 se sont organisées pour lui conserver — et à lui seul — son numéro d'origine imprégné dans la mémoire collective, ce texte est l'expression du vieil adage « *Pater is est quem nuptiae demonstrant* » (le père est celui que les noces désignent).

Cette présomption de paternité du mari a longtemps constitué le pilier premier du droit de la filiation, ouvrant la légitimité à tout enfant d'une femme mariée, à une époque où cette légitimité était la condition de tous les droits. Aussi s'agissait-il d'une présomption soigneusement protégée, qui ne pouvait être renversée que par la voie très étroite du désaveu de paternité, action judiciaire ouverte pendant un très bref délai, au seul mari et sur des preuves difficiles : au nom de la « paix des familles », combien de secrets cet article 312 a-t-il couverts à jamais ?

Aujourd'hui, son rôle est devenu beaucoup plus modeste. Sous l'influence conjuguée de l'égalité des filiations et du développement des expertises génétiques, la règle « *Pater is est...* » est devenue presque une simple présomption de droit commun, fondée sur le seul supposé de la situation la plus fréquente. Elle ne joue pas si des circonstances ne la rendent plus probable (époux séparés, ou enfant déclaré sous le seul nom de la mère) et, même quand elle s'applique, il est désormais permis de la combattre dans les conditions de droit commun des actions en contestation de paternité.

Seul vestige de l'ancienne rigidité : les expertises biologiques « de curiosité » sont prohibées par l'article 16-11 du Code civil qui les réserve au cadre judiciaire des procès relatifs à la filiation. Reste de « paix des familles » parfois menacé en fait par les développements d'Internet...

Article 371-1

« L'autorité parentale est un ensemble de droits et devoirs ayant pour finalité l'intérêt de l'enfant.

Elle appartient aux père et mère jusqu'à la majorité ou l'émancipation de l'enfant pour le protéger dans sa sécurité, sa santé et sa moralité, pour assurer son éducation et permettre son développement, dans le respect dû à sa personne.

Les parents associent l'enfant aux décisions qui le concernent, selon son âge et son degré de maturité ».

Si ce texte mérite aujourd'hui de compter parmi les grands articles du code, c'est qu'il fournit la meilleure illustration de ce qu'est un « droit-fonction » : l'autorité parentale est reconnue aux parents par la loi (et donc par l'État) non point dans leur intérêt mais exclusivement dans celui de l'enfant, avec une finalité chargée de devoirs (protéger la santé, la sécurité, la moralité, assurer l'éducation).

Et si le terme d'« autorité » figure encore dans la loi, il est désormais fortement nuancé par la suite du texte, qui précise d'abord que l'autorité parentale doit être exercée dans le respect dû à la personne (et donc de la personnalité) de l'enfant, et ensuite — depuis 2002 seulement — que celui-ci doit y être lui-même associé.

L'ancienne « puissance paternelle » appartenait au père : depuis 1993, il est au contraire de principe que l'autorité parentale appartient conjointement aux deux parents, même s'ils ne vivent pas ou plus ensemble.

Et celui qui n'assure pas le quotidien matériel par la cohabitation doit y contribuer par un « devoir d'entretien » prenant la forme d'une pension alimentaire.

Enfin, puisque ce droit est une « fonction » assumée dans l'intérêt d'autrui, l'autorité parentale est soumise à contrôle judiciaire : le juge, qui peut être saisi par toute voie (y compris par l'enfant lui-même), dispose de pouvoirs étendus d'« assistance éducative » pouvant aller jusqu'au placement avec suspension ou retrait de l'autorité parentale (mais avec maintien du devoir d'entretien...).

Article 388

« Le mineur est l'individu de l'un ou de l'autre sexe qui n'a point encore l'âge de dix-huit ans accomplis ».

Hormis la substitution en 1974 du seuil de dix-huit ans à celui de vingt-et-un ans antérieurement en vigueur, ce texte n'a pas bougé depuis le Code de 1804.

Et pourtant, que de changements dans la condition juridique des mineurs, à l'époque surtout considérés comme des sujets du tout-puissant *pater familias* (titulaire tout à la fois de la « puissance » paternelle et de la « puissance » maritale, c'est-à-dire de tous les pouvoirs) et progressivement devenu, surtout au cours de la seconde moitié du XXe siècle, le titulaire d'un droit à protection par le moyen de l'autorité parentale (v. *supra*, art. 371-1) et de la Convention de New York de 1990 relative aux droits de l'enfant.

Cet article 388 trouve son corollaire dans l'article 414 indiquant l'effet de l'entrée en majorité : « La majorité est fixée à dix-huit ans accomplis ; à cet âge, chacun est capable d'exercer les droits dont il a la jouissance ».

De ces deux textes résulte une véritable césure dans la vie juridique civile. Et le seuil décisif de dix-huit ans a été progressivement uniformisé dans tous les domaines de la vie juridique, soit par l'abaissement d'autres seuils (par exemple en matière électorale où il a longtemps fallu attendre plus tard pour être électeur, et encore plus pour être éligible), soit à l'inverse par leur élévation (comme en matière de mariage : cf. *supra*, art. 144).

À cette uniformisation, une limite toutefois : si le seuil de dix-huit ans peut être abaissé par l'émancipation qui permet d'avancer la pleine capacité civile dès seize ans (art. 477), celle-ci demeure sans effet pour voter, exercer des activités commerciales ou se marier ou se pacser.

Article 415

« Les personnes majeures reçoivent la protection de leur personne et de leurs biens que leur état ou leur situation rend nécessaire selon les modalités prévues au présent titre.
Cette protection est instaurée et assurée dans le respect des libertés individuelles, des droits fondamentaux et de la dignité de la personne.
Elle a pour finalité l'intérêt de la personne protégée. Elle favorise, dans la mesure du possible, l'autonomie de celle-ci.
Elle est un devoir des familles et de la collectivité publique ».

Accru à l'heure actuelle par l'allongement de la vie humaine, le problème s'est toujours posé de la capacité de ceux qui, tout en étant majeurs (souvent depuis longtemps), ne disposent pas ou plus des facultés nécessaires pour assumer leur vie juridique.

La façon de les désigner — symptomatique du regard social porté sur eux — a connu des variations impressionnantes : là où le Code initial parlait d'un état « d'imbécillité, de démence ou de fureur » (art. 489 et 493 originaires) auxquelles étaient venues se joindre en 1968 la « prodigalité, l'intempérance ou l'oisiveté » (art. 488), et là où le droit des « incapables majeurs » parlait des « interdits » et des « prodigues », la refonte totale de la matière en 2007 a instauré une « protection juridique des majeurs » pour toute personne que « l'altération médicalement constatée soit de ses facultés mentales, soit de ses facultés corporelles de nature à empêcher l'expression de sa volonté » place dans « l'impossibilité de pourvoir seule à ses intérêts » (art. 425).

L'importance de l'article 415 est d'insister d'emblée sur la finalité et l'esprit du régime (comme le fait pour l'autorité parentale l'article 371-1, cf. *supra*) par un rappel au respect des libertés et droits fondamentaux, de la dignité de la personne, de son intérêt et de son autonomie (dans la mesure du possible).

Frontispice qui n'est pas inutile tant la charge des personnes affaiblies expose les familles à la tentation de s'en défausser sur des services administratifs, quand ce n'est estomper l'intérêt de la personne derrière celui de ses proches.

Les techniques organisées pour cette protection sont graduelles, allant de la curatelle (simple assistance de l'intéressé pour les actes juridiques) à une curatelle « renforcée » (cantonnant sa capacité bancaire) et à une tutelle (le dessaisissant de l'exercice de ses droits et organisant sa représentation par un tuteur). C'est au Code de la santé publique que revient l'organisation de sa vie médicale, allant jusqu'à l'internement.

L'une des innovations majeures de la refonte de 2007 est de permettre à tout un chacun de prévoir à l'avance une organisation pour le cas où il tomberait à l'avenir dans un tel état, par un « mandat de protection future » choisissant celui qui veillera à ses intérêts.

Article 515-1

« Un pacte civil de solidarité est un contrat conclu par deux personnes physiques majeures, de sexe différent ou de même sexe, pour organiser leur vie commune ».

L'introduction en France en 1999 du « PACS », forme d'union ouverte à l'homosexualité et déjà connue d'autres pays européens, ne s'est pas faite sans de chaudes échauffourées dépassant les clivages politiques et n'a été rendue possible que par la convergence de deux poussées sociales : d'un côté, celle voulant mettre fin à l'exclusion juridique des couples homosexuels, de l'autre, celle des couples hétérosexuels las des contraintes archaïques du mariage et du divorce.

« Grande loi » parce que loi de tolérance et de respect social, la loi de 1999, au-delà de son vote dans la douleur et des imperfections techniques qui en ont découlé (réparées par des réformes ultérieures en 2006 et 2009), a connu un engouement pratique qui l'a rapidement fait entrer dans les mœurs : en 2010, étaient conclus quatre

PACS pour cinq mariages (195 000 PACS pour 249 000 mariages).

La réalité étant toujours la plus forte, la fiction initiale n'y voyant qu'un « contrat » a rapidement abdiqué devant la nature des choses et il est reconnu aujourd'hui que c'est un « lien de famille » que crée le PACS (d'où l'assimilation progressive au mariage quant aux effets fiscaux et socioprofessionnels). Si bien qu'aujourd'hui, c'est en contrepoint du mariage, par ses différences avec celui-ci, qu'il se définit. Pour l'essentiel, ces différences n'apparaissent qu'au stade de la dissolution et essentiellement sur trois points :

– pas de procédure de « divorce » nécessaire : la rupture peut être décidée unilatéralement et sans préavis par l'un des partenaires par simple signification à l'autre (la brusquerie goujate pouvant donner lieu à dommages-intérêts) ;

– pas de droit à prestation compensatoire, chacun restant maître et responsable de sa situation matérielle ;

– pas de vocation successorale automatique (hors le même droit sur le logement que le conjoint survivant), mais extension du tarif fiscal des époux en cas de libéralité volontaire (donation ou testament).

Article 515-8

« Le concubinage est une union de fait, caractérisée par une vie commune présentant un caractère de stabilité et de continuité, entre deux personnes, de sexe différent ou de même sexe, qui vivent en couple ».

Lors de la préparation du Code civil en 1804, Bonaparte lui-même avait signifié sa volonté de rejeter les concubins hors du droit : « Les concubins se passent de la loi, la loi se désintéresse d'eux ». Cette ignorance a duré presque deux siècles, jusqu'à ce que soient reconnus au concubinage divers effets particuliers, en matière de logement, de sécurité sociale ou de retraites.

L'insertion dans le Code d'un article 515-8 en 1999 (par la loi même qui créait le PACS) n'a eu pour objet que de préciser que ces effets ne devaient pas être réservés (comme le faisaient les tribunaux) au concubinage hétérosexuel.

Ce texte a défini le concubinage : plus qu'une liaison par l'exigence d'une vie commune, moins qu'un mariage ou un PACS par l'absence de tout engagement.

Mais il n'a pas créé un régime général : le concubinage continue de n'avoir d'effets juridiques qu'au gré de dispositions ponctuelles spécifiques (et d'une jurisprudence qui sanctionne parfois la rupture, non point dans son principe, mais lorsque les circonstances la rendent fautive).

Article 516

« Tous les biens sont meubles ou immeubles ».

Texte d'ouverture du livre II relatif aux biens et aux différentes modifications de la propriété, l'article 516 divise le monde dans lequel évoluent les personnes en deux catégories, les meubles, d'une part, les immeubles, d'autre part.

Si on s'en tient à sa seule lettre et si on l'isole de ceux qui le suivent, ce texte, dont les racines sont fort lointaines, paraît s'en tenir à un critère purement physique de distinction qui exclut donc toute une catégorie de biens, ceux qui ne sont dotés d'aucune corporalité, les biens incorporels. Pourtant, la lecture de l'ensemble des textes qui portent sur la division des biens révèle que les rédacteurs du Code civil n'ont pas ignoré la diversité des biens que les personnes peuvent s'approprier pour en tirer les utilités et ont embrassé, dans leurs dispositions, aussi bien les biens qui peuvent être physiquement perçus par les sens, que ceux qui ne le peuvent pas.

Ainsi, outre les immeubles par nature, qui se caractérisent par leur fixité dans l'espace et leur individualité (sol, constructions, végétaux), et les meubles par nature, qui se singularisent par leur mobilité, du moins par leur vocation à être déplacés ou à se mouvoir eux-mêmes (les animaux sont des meubles), il existe des biens qui sont meubles ou immeubles, indépendamment du critère physique que suggère le texte étudié. D'abord, le législateur dispose que certains biens, en réalité des droits, incorporels par essence, sont juridiquement appréhendés comme meubles ou immeubles en fonction de l'objet auxquels ils s'appliquent. Il en va notamment ainsi des droits, réels ou personnels, qui portent sur des meubles ou des immeubles, et des actions en justice par lesquelles le titulaire d'un bien émet une prétention sur l'existence ou la substance de son droit. Ensuite, certains biens sont considérés comme des meubles parce que la loi en a décidé ainsi, tout simplement; ainsi en vertu de l'article 529 du Code civil, les parts sociales sont des meubles. Enfin, la volonté des personnes peut exercer une influence sur la qualification des biens. D'une part, la volonté du propriétaire d'un immeuble et d'un meuble, qui composent un groupement de biens en raison d'un lien de destination de nature physique (l'attache matérielle du meuble à l'immeuble) ou économique (l'exploitation de l'immeuble grâce au meuble), peut emporter la soumission de meubles au régime des immeubles. D'autre part, leurs volontés communes peuvent conduire des contractants à envisager par anticipation comme des meubles, des biens qui sont des immeubles par nature.

Si la lettre du Code semble fonder la division des biens sur un critère physique, l'esprit qui irradie le droit des biens enseigne que cette *summa divisio* obéissait, dans l'esprit des rédacteurs, à d'autres ressorts. L'idée de valeur, fort ancienne elle aussi, que reflète l'adage *res mobilis, res vilis* éclaire pertinemment la division retenue dans le Code civil. De même, la dimension familiale, sociale et politique de l'immeuble explique bon nombre de règles qui gouvernent son régime et dont on ne trouve pas trace dans celui qui s'applique aux meubles. Avec une intensité évidemment variable au gré des siècles qui se sont égrenés depuis le Code, la terre, immeuble par excellence, a toujours constitué le ferment du pouvoir politique et l'écrin de la famille. Aussi, comprend-on que le régime foncier repose sur l'idée de conservation de l'immeuble, tandis que le régime des meubles est animé par la nécessité d'assurer leur circulation.

Même si la division opérée par l'article 516 du Code civil est aujourd'hui quasi unanimement critiquée, en raison de son inadaptation ou de son inutilité, il n'en demeure pas moins qu'elle n'est pas dénuée d'intérêt au regard du droit positif. La vocation de certaines règles ou de certaines institutions à s'appliquer dépend encore, en effet, de leur qualification de meuble ou d'immeuble. Sans souci d'exhaustivité, on évoquera ainsi la publicité foncière, les sûretés, la compétence territoriale, la rescision pour lésion et la possession.

Article 544

« La propriété est le droit de jouir et disposer des choses de la manière la plus absolue, pourvu qu'on n'en fasse pas un usage prohibé par les lois ou par les règlements ».

Il n'est pas excessif d'affirmer que l'article 544 est l'un des textes les plus importants du Code civil en raison, non seulement, de son objet même, la propriété, mais encore de son objectif, la définition de celle-ci. En effet, la propriété est une institution absolument fondamentale de notre ordre social, comme en témoigne d'ailleurs suffisamment le plan du Code qui révèle que la propriété est l'épicentre du droit des biens et qu'elle est au cœur même du droit civil. Par ailleurs, le texte a ceci de remarquable qu'il est le seul à énoncer une règle de nature générale à propos de la propriété.

La compréhension de l'article 544, notamment celle du terme « absolue » suppose qu'on le restitue dans une perspective historique. Ce texte, tel qu'il a été conçu par les rédacteurs du Code, est le fruit de l'évolution décisive que la propriété a connue sous la révolution et sous l'empire du droit intermédiaire. Translation de propriété au profit des titulaires du domaine utile et des acquéreurs des biens nationaux, la révolution a mis fin aux droits simultanés et superposés que les titulaires du domaine éminent et du domaine utile exerçaient à l'époque féodale sur un seul et même bien, et consacré un nouvel ordre politique et social. Affirmer que la propriété est dotée d'un caractère absolu revenait, dans l'esprit des rédacteurs du Code, à consacrer la mutation politique réalisée par la révolution et à conforter les nouveaux propriétaires dans leurs droits.

La lettre de l'article 544 permet aussi de comprendre la place de la propriété dans la hiérarchie des droits subjectifs et des pouvoirs qu'une personne peut exercer sur un bien. Affirmer que le pouvoir du propriétaire est absolu conduit en effet à le distinguer de tous les autres pouvoirs, de droit ou de fait, que le Code accorde aux personnes sur les biens. Réels ou personnels, les droits d'une personne sur un bien n'atteignent en effet jamais la plénitude de ceux dont le propriétaire est titulaire sur sa propre chose. Seul le propriétaire peut exercer sur sa chose les prérogatives lui permettant d'en user, d'en jouir et d'en disposer, en pleine exclusivité; le titulaire d'un droit réel sur la chose d'autrui n'est jamais investi de l'intégralité de ces prérogatives. En outre, et à cet égard l'article 544 prolonge l'entreprise du droit intermédiaire, la propriété est un droit à ce point fondamental, « naturel » (DDHC, art. 2), « inviolable et sacré » (DDHC, art. 17), que la liberté du propriétaire constitue le principe, alors que celle des autres titulaires d'un droit réel est strictement encadrée.

Si la propriété privée est absolue, il n'en reste pas moins que son exercice n'est pas discrétionnaire et que l'intérêt général ne peut pas être méprisé par le propriétaire, comme le précise d'ailleurs l'article 544 qui encadre l'exercice des pouvoirs du propriétaire, en les soumettant à d'éventuelles prohibitions légales ou réglementaires. Depuis 1804, il est indiscutable que la propriété doit composer toujours plus avec les exigences inhérentes à l'intérêt général et que le propriétaire doit se conformer, dans une mesure qui croît sans cesse, aux impératifs inhérents au voisinage, à l'urbanisme, l'environnement, l'équipement, les transports, la culture, etc. En somme, l'absolutisme de la propriété fléchit face à sa fonction sociale et à sa dimension collective; l'individualisme du propriétaire plie face à l'intérêt général.

Pour autant, on ne saurait conclure, en droit positif, à une fragilisation rédhibitoire du droit de propriété. Ce serait oublier que ce droit fondamental a été doté, à la fin du XXe siècle, d'une valeur constitutionnelle par le Conseil éponyme et que le droit européen lui prête une attention toute particulière, comme en témoigne l'article 1er du Protocole de la CEDH aux termes duquel toute personne a droit au respect de ses biens. Cette double reconnaissance cantonne les atteintes portées à la propriété dans de strictes limites et exclut celles qui pourraient altérer son essence.

Article 578

« L'usufruit est le droit de jouir des choses dont un autre a la propriété, comme le propriétaire lui-même, mais à la charge d'en conserver la substance ».

Des trois fameuses prérogatives composant le droit de propriété, l'usus (droit de se servir de la chose), le fructus (droit d'en tirer les revenus) et l'abusus (droit de l'aliéner, la détruire ou la transformer), chacun sait que l'usufruitier, comme son nom même l'indique, ne détient que les deux premières, tandis que la troisième est entre les mains de celui qu'on appelle le « nu-propriétaire ». À la simple lecture du texte, on sent bien cependant que c'est ce dernier qui est regardé comme le titulaire réel : c'est lui « l'autre (qui) a la propriété », car à lui le droit perpétuel, tout usufruit n'étant que temporaire.

Cette désarticulation du droit de propriété, que l'on dénomme « démembrement », ne peut durer trop longtemps, sans quoi le droit du nu-propriétaire serait sans consistance. Aussi, l'usufruit est nécessairement limité dans le temps à la vie de l'usufruitier (et à trente ans s'il s'agit d'une personne morale). Et quand il s'éteint, le nu-propriétaire devient plein propriétaire.

Ce « démembrement » présente de graves inconvénients, dont le principal est d'ordre économique : usufruit ou nue-propriété trouvant séparément très peu d'acquéreurs, la circulation des biens concernés se trouve considérablement entravée par la nécessité pratique d'un accord entre l'usufruitier et le nu-propriétaire.

Mais il présente aussi des utilités, principalement dans des patrimoines familiaux, où il répond à l'échelonnement des générations : aux anciens l'usufruit qui leur donne la sécurité de la jouissance du bien leur vie durant; aux plus jeunes la nue-propriété qui les assure de recueillir la pleine propriété le moment venu.

C'est pourquoi la loi utilise cette technique principalement dans le domaine successoral, conférant au conjoint survivant un usufruit qui conserve à terme les biens pour les descendants. Et la pratique notariale des donations et testaments imite souvent ce modèle.

Naturellement, il faut au nu-propriétaire des garanties quant à la conservation (juridique et matérielle) du bien dans son intégrité : inventaire, caution et séquestre sont prévus à cette fin par la loi (C. civ., art. 600 s.), avec toutefois une efficacité limitée lorsqu'il s'agit de biens meubles ou de valeurs.

Article 637

« Une servitude est une charge imposée sur un héritage pour l'usage et l'utilité d'un héritage appartenant à une autre personne ».

Exception faite du terme « héritage » qui apparaît aujourd'hui désuet, la définition de la servitude donnée par l'article 637 du Code civil est un modèle du genre, dans la mesure où elle en dévoile les traits caractéristiques. L'esprit de ce texte apparaît clairement à la lumière des articles 638 et 686 qui disposent successivement que « La servitude n'établit aucune prééminence d'un héritage sur l'autre » et qu'elles ne peuvent être imposées « ni à la personne, ni en faveur de la personne ». Au fond, on comprend alors que les rédacteurs du Code civil, en prévoyant qu'une charge réelle peut être imposée à un fonds (le fonds servant) au profit d'un autre fonds (le fonds dominant), ont entendu réaffirmer l'abolition du système féodal : la servitude ne saurait s'entendre de l'asservissement d'un propriétaire au bénéfice d'un autre ; elle ne constitue, pour l'immeuble qui en est affecté, qu'une charge qui permet une meilleure exploitation économique de l'immeuble au bénéfice duquel elle est imposée.

Concrètement, la charge réelle, qui ne peut exister qu'entre deux immeubles par nature (précisément des fonds non bâtis et des bâtiments), lesquels doivent nécessairement appartenir à deux propriétaires différents, emporte donc une restriction aux prérogatives du propriétaire du fonds servant pour améliorer l'utilité du fonds dominant. Le propriétaire de l'immeuble grevé de la servitude a le devoir de supporter des actes accomplis sur son fonds par le propriétaire du fonds dominant (servitude de passage) ou de ne pas exercer certaines prérogatives que son droit lui confère en principe sur son propre fonds (servitude de ne pas bâtir, de jour, de vues...) dans l'intérêt du fonds dominant. Autant dire qu'au regard du propriétaire du fonds servant, même si celui-ci n'est pas à proprement parler débiteur d'une obligation civile dont le propriétaire du fonds dominant pourrait exiger l'exécution, la servitude emporte un démembrement de son droit de propriété ; son droit perd en exclusivité, puisqu'il doit supporter l'exercice par un tiers de prérogatives sur son fonds, et en plénitude, puisqu'il doit s'abstenir d'exercer certains attributs inhérents à sa qualité de propriétaire. Corrélativement, même si c'est le fonds dominant qui bénéficie de la servitude et pas son propriétaire, il n'en reste pas moins que celui-ci est titulaire d'un droit réel sur un immeuble appartenant à autrui. Le renforcement de l'utilité économique qui procède de la servitude pour le fonds dominant rejaillit évidemment sur la situation de son propriétaire qui accroît ainsi, grâce à son droit réel sur la propriété d'autrui, ses propres prérogatives.

Si les situations des propriétaires respectifs des deux fonds que la servitude unit, sont fatalement influencées par l'existence de celle-ci, c'est bien sa nature réelle qui infléchit l'essentiel de son régime. C'est donc, d'abord, parce qu'elle emporte un lien entre deux immeubles que la servitude suit le sort de la propriété dont ces fonds sont l'objet. De ce caractère accessoire, il résulte que la servitude suivra toutes les évolutions juridiques (cession, saisie, hypothèque) qui affecteront le fonds dominant, qu'elle bénéficiera à tous ses propriétaires successifs et qu'elle s'imposera de la même façon à tous les propriétaires de l'immeuble qui en est grevé. Le lien irréductible entre la servitude et l'immeuble dans l'intérêt duquel elle a été établie justifie aussi qu'elle soit, sauf convention contraire, le seul droit réel perpétuel, comme l'est la propriété de l'immeuble qui en bénéficie.

Aujourd'hui, la servitude dans sa version « Code civil », à savoir la charge imposée à un immeuble dans l'intérêt d'un autre immeuble, est fortement concurrencée par un autre type de charges que l'État impose au détriment de propriétaires immobiliers au nom de l'intérêt général, signe supplémentaire de la socialisation de la propriété au fil des siècles.

Article 721

« Les successions sont dévolues selon la loi lorsque le défunt n'a pas disposé de ses biens par des libéralités.
Elles peuvent être dévolues par les libéralités du défunt dans la mesure compatible avec la réserve héréditaire ».

Sous réserve de la liberté testamentaire (cf. *infra*, art. 912), c'est la loi qui organise la dévolution des successions. Elle le fait en présumant que c'est à sa famille qu'on veut laisser ses biens, et selon une hiérarchie qu'elle établit avec précision en définissant des « ordres » d'héritiers.

C'est, aujourd'hui encore, la famille par le sang qui prédomine à cet égard : d'abord les descendants, à défaut les ascendants, et à défaut encore les collatéraux.

Mais la situation du conjoint (quasiment nulle jusqu'au XXe siècle) n'a fait que s'améliorer au fil des réformes successives. Depuis la dernière, qui date de 2006, il passe avant les collatéraux et vient en concours avec les descendants et les ascendants.

Ce concours avec les enfants, qui est de loin le plus fréquent, donne lieu à des solutions nuancées pour tenter de faire la part des intérêts en présence :

– si tous sont des enfants communs au défunt et au conjoint survivant, on laisse à ce dernier le choix entre un quart en pleine propriété ou un usufruit sur toute la succession (qui s'éteindra donc à son propre décès) ;

– mais s'il y a des enfants antérieurs, cet usufruit serait frustratoire pour eux (le second conjoint pouvant être presque aussi jeune qu'eux) : la part du conjoint est alors nécessairement d'un quart en pleine propriété (toujours sauf donations ou testament).

Dans tous les cas, le conjoint survivant bénéficie en outre de droits spéciaux sur le logement conjugal.

À noter que la question de ces partages ne se pose pas en cas de pacs, puisque celui-ci n'ouvre aucune vocation successorale au partenaire survivant.

Article 815

« Nul ne peut être contraint à demeurer dans l'indivision et le partage peut toujours être provoqué, à moins qu'il n'y ait été sursis par jugement ou convention ».

L'indivision est une situation très particulière, mais très fréquente : il s'agit d'une copropriété de plusieurs personnes sur un même bien ou un même ensemble de biens, mais d'une copropriété qui n'est ni divisée dans l'espace (comme l'est la copropriété d'immeubles collectifs), ni divisée dans le temps (comme l'est la copropriété de certaines résidences de vacances) ni divisée dans les prérogatives (comme l'est le démembrement par usufruit). C'est une copropriété concurrente : les co-indivisaires sont ensemble propriétaires du même bien, et peuvent ensemble en jouir ou le gérer.

C'est surtout dans le domaine familial qu'on la rencontre. Elle permet par exemple à des époux, concubins ou partenaires, d'acheter ensemble un bien (souvent leur logement) tant il est vrai qu'on est plus riche à plusieurs que tout seul, ou à des héritiers de garder dans la famille une propriété qu'aucun ne pourrait conserver seul.

Mais ici comme ailleurs avoir besoin d'autrui n'est pas sans servitudes et le régime de l'indivision est complexe, d'autant plus que l'entité qu'elle forme n'est pas dotée d'une personnalité juridique autonome.

La règle d'or, qui est longtemps restée sans exception, est celle de l'unanimité pour tout acte, qu'il soit de gestion ou de disposition. Une loi de 2006 l'a cependant légèrement assouplie : une majorité des deux tiers suffit désormais aux actes d'administration ; et elle permet même de demander au juge l'autorisation de faire un acte de disposition.

Comme il arrive souvent que l'un des co-indivisaires prenne en fait les choses en mains, diverses dispositions en précisent les conséquences : il doit rendre compte aux autres et, s'il y a des revenus, leur en verser leur part annuellement ; s'il jouit privativement du bien, il est redevable d'une indemnité d'occupation ; en contrepartie de quoi, il peut prétendre à être indemnisé des améliorations apportées au bien et même des efforts déployés pour sa gestion.

Cette situation peut durer très longtemps, tant qu'elle convient à tous : on connaît (notamment en Corse) des indivisions de plus d'un siècle. Mais nul ne peut être prisonnier d'une indivision : c'est ce principe qu'énonce le célèbre article 815, quasiment inchangé depuis le Code originaire de 1804.

Pour sortir, deux voies. L'une consiste à céder ses droits dans l'indivision ; mais si l'on envisage de céder à un tiers (en pratique difficile à trouver), les autres indivisaires disposent d'un droit de préemption, témoignage du caractère quasi familial de la situation. L'autre voie consiste à provoquer le partage, amiable ou forcé, lequel doit se faire en priorité en nature si c'est matériellement possible (par répartition des divers biens, voire par division du bien unique). Comme c'est souvent impossible, l'opération consiste alors à vendre pour partager le prix.

Ce droit de provoquer le partage peut toutefois être limité par une « convention d'indivision » assurant une certaine durée à la situation, durée qui ne peut cependant excéder cinq ans.

Article 912

« La réserve héréditaire est la part des biens et droits successoraux dont la loi assure la dévolution libre de charges à certains héritiers dits réservataires, s'ils sont appelés à la succession et s'ils l'acceptent.
La quotité disponible est la part des biens et droits successoraux qui n'est pas réservée par la loi et dont le défunt a pu disposer librement par des libéralités ».

Contrairement à certaines lois qui, comme le droit anglais, laissent aux citoyens une entière maîtrise pour organiser leur succession, le droit français recherche un équilibre entre liberté individuelle et vocation familiale des patrimoines.

Pour respecter la première, tout un chacun peut déroger à l'ordre établi par la loi en établissant des donations et testaments : c'est ce qu'on appelle la liberté testamentaire.

Mais pour respecter la seconde et protéger certains héritiers privilégiés, la loi cantonne cette liberté à une fraction de la succession, dite « quotité disponible », et réserve impérativement l'autre fraction à ces héritiers, appelés pour cette raison « réservataires ».

Les réservataires sont les enfants, que l'on ne peut donc déshériter totalement en aucun cas (sous l'Ancien Droit, on le pouvait dans certains cas exceptionnels, dont le mariage contre le gré du parent, ce qui explique certains passages de Molière...). Leur réserve est importante et varie selon leur nombre :

Nombre d'enfant(s)	Réserve	Quotité disponible
1	1/2	1/2
2	1/3 chacun	1/3
3 ou plus	3/4 pour eux tous	1/4

Depuis 2001, le conjoint devient également réservataire (pour un quart) mais seulement s'il n'y a pas de descendants : quand il y en a, on peut donc par testament priver ce conjoint de la part que la loi lui destine (cf. *supra*, art. 721).

Article 1102

« Chacun est libre de contracter ou de ne pas contracter, de choisir son cocontractant et de déterminer le contenu et la forme du contrat dans les limites fixées par la loi.
La liberté contractuelle ne permet pas de déroger aux règles qui régissent l'ordre public ».

Issu de l'ordonnance du 10 février 2016 qui réforme le droit des contrats, du régime général et de la preuve des obligations, entrée en vigueur le 1er octobre 2016, ce nouveau texte introduit dans le Code civil est une parfaite illustration de l'entreprise menée par les auteurs de la réforme.

Pour l'essentiel, en effet, cette réforme se traduit par une codification du droit positif. Sont ainsi intégrés dans le Code civil, des principes, des règles et des notions qui charpentaient le droit positif mais qui n'avaient pas encore été gravés dans le marbre du Code civil. Tel est le cas du principe de liberté contractuelle. Alors qu'elle constitue, depuis des lustres, un des piliers de notre « temple » contractuel, la liberté contractuelle n'avait pas eu les honneurs d'un texte du code civil la consacrant formellement. La réforme innove donc, en premier lieu, en codifiant ce principe.

Ses principales manifestations sont, d'une part, énoncées dans l'article 1102, d'autre part, déclinées dans d'autres textes de la réforme. Dans le texte commenté, il est rappelé que la liberté contractuelle s'entend de la liberté de contracter, de ne pas contracter, de choisir son cocontractant, de déterminer le contenu de son cocontractant et la forme du contrat (principe du consensualisme).

D'autres manifestations du principe de liberté contractuelle sont explicitement ou implicitement énoncées dans d'autres textes du droit nouveau des contrats. Au titre des manifestations explicites, on relèvera, entre autres, le droit de ne plus contracter, qui se traduit par l'existence d'un droit de résiliation unilatérale au profit de chaque contractant dans les contrats perpétuels et à durée indéterminée, de même que le droit de ne pas renouveler le contrat, quand il est à durée déterminée. On retiendra aussi, dans ce même, registre la licéité des contrats sur la preuve (art. 1356). Au titre des manifestations implicites de ce principe, on mentionnera les règles aux termes desquelles la sanction de la rupture déloyale d'une négociation ou celle de la rétractation abusive d'une offre ne peut consister dans la compensation des avantages attendus de la conclusion du contrat, faute de quoi il serait indirectement porté atteinte à la liberté de ne pas contracter. La liberté de ne pas contracter est en outre protégé par la règle selon laquelle le silence d'une destinataire d'une offre ne vaut pas en principe acceptation de celle-ci.

Sans innover, l'article 1102 dispose que la liberté contractuelle doit s'incliner devant l'ordre public, qu'il s'agisse de l'ordre public textuel (par exemple en ce qui concerne le devoir de bonne foi et l'obligation précontractuelle d'information) ou de l'ordre public virtuel (entre autres les règles édictées par les articles 1170 et 1171, v. *supra*). On relèvera évidemment que la liberté contractuelle n'est plus formellement canalisée par le respect des bonnes mœurs. Mais cette disparition formelle des bonnes mœurs doit être relativisée. D'abord, parce que l'ordre public est une notion suffisamment souple pour les intégrer en son sein. Ensuite, parce que le droit antérieur à la réforme avait déjà réduit le rôle des bonnes mœurs à une peau de chagrin. Enfin, parce que l'article 6 du Code civil qui dispose qu' « On ne peut déroger, par des conventions particulières, aux lois qui intéressent l'ordre public et les bonnes mœurs » est toujours bien présent en droit positif et n'a évidemment pas été affecté par la réforme.

Mais la réforme du droit des contrats ne se réduit pas à une simple œuvre de codification. Elle comporte aussi bien des innovations, plus ou moins spectaculaires. L'innovation la plus importante qu'emporte l'article 1102 quant à la liberté contractuelle est le statut dont il la dote. La liberté contractuelle est, en effet, placée en tête des autres dispositions issues de la réforme dans un chapitre intitulé « Dispositions liminaires ». Il n'est pas imprudent d'en déduire que la liberté contractuelle n'est pas une règle contractuelle comme les autres. Elle est maintenant dotée d'un statut prestigieux : elle constitue un principe général, fondamental, voire directeur du droit nouveau des contrats. Ce nouveau statut aura, à n'en pas douter, d'importantes répercussions, à l'avenir, sur sa portée.

Article 1103

« Les contrats légalement formés tiennent lieu de lois à ceux qui les ont fait »

À n'en pas douter, l'article 1103 du Code civil, qui a été substitué à l'article 1134, constitue l'épicentre du droit français des contrats. Il exprime sa philosophie et imprime sa force au contrat lui-même.

Il énonce, au fond, le principe de la force obligatoire du contrat et signifie que le contrat valablement conclu est intangible. En clair, une fois que le contrat a été valablement conclu, il doit être exécuté tel qu'il avait été conçu, sans qu'un contractant, le juge ou une loi puissent en modifier les termes.

L'intangibilité du contrat édictée par l'article 1103 se dédouble. D'une part, elle doit s'entendre comme une intangibilité unilatérale ; le contrat doit être exécuté par chaque contractant, tel qu'il avait été conçu et il n'est pas dans le pouvoir d'un seul des contractants de modifier la lettre de la loi contractuelle. La modification des stipulations contractuelles supposerait donc un nouvel accord de volontés. D'autre part, l'intangibilité du contrat, édictée par ce texte, doit se comprendre comme une intangibilité judiciaire ; en principe, le juge ne peut pas modifier le contrat, même si, pendant son exécution, celui-ci devient déséquilibré ou injuste.

La sève de ce principe de la force obligatoire du contrat, que l'article 1103 exprime, réside moins dans la toute-puissance de la volonté des contractants, contrairement à ce qu'ont longtemps affirmé les partisans de la théorie de l'autonomie de la volonté, que dans l'ordre de la loi. C'est parce qu'elles ont respecté les conditions de validité des contrats telles qu'elles sont édictées légalement, précisément dans les articles 1108 et suivants du Code civil, que les volontés produisent de l'énergie contractuelle et que les contrats emportent des effets obligatoires à l'égard de ceux qui les ont conclus. Faute de respecter le cadre légal, la volonté serait donc impuissante à doter le contrat de la moindre force obligatoire. Autant dire, comme la lettre de ce texte le révèle suffisamment, qu'au stade de la force obligatoire du contrat, la volonté est dépendante de la loi étatique.

Ce principe d'intangibilité du contrat repose sur deux ordres de justification. En premier lieu, une justification d'ordre moral :

le respect de la parole donnée. Celui qui s'est contractuellement engagé à exécuter une prestation doit tenir sa parole, respecter sa promesse. « On lit les bœufs par les cornes et les hommes par les paroles » écrivait Loysel. Le principe repose, en second lieu, sur une justification d'ordre économique. Le contrat est un acte de prévision qui constitue le support d'une opération économique ; pour remplir sa fonction économique, il ne doit pas pouvoir être modifié par un contractant ou par le juge, faute de quoi l'insécurité juridique règnerait et le contrat perdrait toute utilité et intérêt.

On relèvera que, comme la liberté contractuelle, la règle de l'intangibilité du contrat est placée dans le premier chapitre de la réforme, intitulé « Dispositions liminaires ». On peut donc légitiment en déduire que le texte analysé énonce un principe de sécurité contractuelle, principe qui peut être considéré comme général, fondamental, voire directeur de notre nouveau droit des contrats.

Reste que ce principe n'est pas frappé du sceau de l'ordre public. Il peut être conventionnellement aménagé par les contractants qui peuvent insérer des clauses prévoyant soit la renégociation du contrat, soit son adaptation, si tel ou tel événement se produit lors de son exécution.

Mieux ou pire, c'est selon, en vertu du nouvel article 1995, lorsqu'un changement de circonstances rend l'exécution du contrat excessivement onéreuse, le juge peut, dans certaines conditions, réviser le contrat (v. *supra*).

Article 1104

« Les contrats doivent être négociés, formés et exécutés de bonne foi.
Cette disposition est d'ordre public »

L'ancien article 1134, alinéa 3, du Code civil disposait que les conventions « doivent être exécutées de bonne foi »..

Cantonnée au seul stade de l'exécution du contrat pendant des lustres, la bonne foi a connu un fabuleux destin à partir du dernier quart du xxe siècle, tant et si bien qu'avant la réforme, elle irradiait aujourd'hui toutes les phases de la vie du contrat, de sa négociation à sa rupture.

Revers de la médaille, la bonne foi a toujours fait l'objet de controverses en doctrine. Une grande majorité d'auteurs ont toujours exprimé une méfiance certaine à l'égard de ce standard, de cette notion floue et sentimentale qui permet au juge de s'immiscer dans les relations contractuelles et de les réguler en fonction de son sentiment de justice et d'équité, sans grands égards, donc, pour les prévisions légitimes des contractants. Facteur d'une judiciarisation du contrat contraire à sa fonction de prévisibilité, le devoir de bonne foi n'avait donc pas bonne presse dans une grande partie de la doctrine. Quelques auteurs étaient plus favorables à ce devoir qui instille une salutaire dose d'éthique dans les relations contractuelles et qui évite ainsi que les seules considérations d'ordre économiques les irriguent. Finalement, même si la jurisprudence s'est livrée à une interprétation extensive du champ d'application de l'article 1134, alinéa 3 ancien, le devoir de bonne foi est demeuré une force d'appoint exploitée pout canaliser les dérives auxquelles peuvent conduire une liberté contractuelle débridée et pour tempérer les excès que peut engendrer une lecture trop étriquée de l'impératif de stabilité contractuelle.

Le nouvel article 1104 revêt une double dimension quand on l'appréhende à l'aune du mouvement la réforme dans son ensemble.

En premier lieu, il codifie, comme sa lettre le révèle, la jurisprudence antérieure en dotant le devoir de bonne foi d'un très large domaine. D'ailleurs, l'examen des autres dispositions de la réforme illustre bien l'étendue de son champ d'application. En effet, le devoir de bonne foi est le support conceptuel de l'obligation précontractuelle d'information, il s'impose lors du déroulement et de la rupture des pourparlers, il justifie la sanction de la réticence dolosive, etc.

En second lieu, l'article 1104 révèle que la réforme ne peut pas être réduite à une simple entreprise de codification, elle emporte aussi sous certains aspects une mutation de notre modèle contractuel. Simple force d'appoint hier, la bonne foi, placée désormais en tête des nouvelles dispositions relatives au droit commun des contrats dans le Code civil, le devoir de bonne foi devient donc comme la liberté (art. 1102) et la sécurité (art. 1103), un principe général, fondamental, voire directeur de notre nouveau modèle contractuel. Qui plus est, le devoir de bonne foi est, contrairement aux deux autres principes directeurs, frappé du sceau de l'ordre public comme le précise le texte lui-même.

Article 1108

« [Le contrat] est commutatif lorsque chacune des parties s'engage à donner ou à faire une chose qui est regardée comme l'équivalent de ce qu'on lui donne, ou de ce qu'on fait pour elle. Lorsque l'équivalent consiste dans la chance de gain ou de perte pour chacune des parties, d'après un événement incertain, le contrat est aléatoire ».

Hormis pour les donations (qui sont des contrats exigeant le consentement du bénéficiaire) et les contrats dits « de bienfaisance » par lesquels on rend service à autrui (par exemple un prêt sans intérêts), la plupart des contrats sont dits « à titre onéreux » car chacun ne s'engage qu'en vue de la contrepartie à recevoir. L'objet de l'article 1104 est de classer ces contrats à titre onéreux en deux catégories générales.

La principale est celle des contrats dits « commutatifs » car ils réalisent un échange de valeurs *a priori* équilibré : la chose contre le prix dans la vente, la jouissance du bien contre le loyer dans le bail, etc. Ce n'est pas qu'une équivalence objective soit impérative :

la liberté contractuelle permet à chacun d'évaluer ce qu'il regarde comme équivalent de sa prestation. Mais toute une série de mécanismes compensent les déséquilibres non consciemment voulus (garantie contre les défauts de la chose vendue, louée ou construite, protection contre les clauses abusives, révision des honoraires excessifs, exceptionnellement contrôle de la lésion lorsqu'elle est énorme).

À l'opposé se trouvent les contrats « aléatoires » dont l'économie même est de parvenir à un résultat déséquilibré, mais dont le bénéficiaire peut être l'un ou l'autre, car il dépend d'un événement incertain que les parties ont pris comme objet de « pari » : ainsi, dans le contrat de rente viagère, chacun fera une bonne ou mauvaise affaire selon que le « rentier » vivra peu ou longtemps ; de même, dans le contrat d'assurance, l'assureur pourra débourser une indemnité très supérieure aux primes perçues, ou à l'inverse les conserver sans contrepartie si aucun sinistre ne survient.

Une vente, en principe commutative, peut devenir un contrat aléatoire si l'on accepte d'acheter ou « à ses risques et périls » (cas par exemple pour une œuvre d'art à l'authenticité discutée). De même pour tous les contrats « à forfait » (contrats de travaux ou d'intermédiaires).

La particularité des contrats aléatoires est d'écarter les mécanismes ordinairement protecteurs de l'équilibre (lésion, protection du consentement ou des consommateurs, et surtout garanties) puisque précisément l'éventualité d'un déséquilibre est de l'essence du « pari » fait par chaque partie. Encore faut-il évidemment que les dés ne soient pas pipés : si l'une des parties a celé une information importante (par exemple des antécédents dans le contrat d'assurance), et a ainsi « faussé le jeu », le contrat sera nul : il y a une « morale de l'aléa » comme il y a des règles du jeu.

Article 1110

« Le contrat de gré à gré est celui dont les stipulations sont librement négociées entre les parties.
Le contrat d'adhésion est celui dont les conditions générales, soustraites à la négociation, sont déterminées à l'avance par l'une des parties ».

En intégrant la figure du contrat d'adhésion dans le Code civil, l'article 1110 constitue, à n'en pas douter, une des innovations les plus importantes de la réforme du droit des contrats.

En effet, le contrat version 1804, celui à l'aune duquel les rédacteurs du Code civil de naguère, avaient conçu les règles qui composaient le droit des contrats, était le contrat de gré à gré, contrat appréhendé comme le fruit de la rencontre de volontés exprimées par des personnes libres et égales, dotées d'un pouvoir de négociation quant au contenu du contrat. Fruit de la liberté et de l'égalité, le contrat négocié par des personnes censées les mieux à même de défendre leurs intérêts était donc réputé nécessairement juste.

Par conséquent, il ne pouvait être question, une fois le contrat conclu, qu'un contractant demande au juge de corriger le déséquilibre qui pouvait l'affecter : le déséquilibre est la rançon de la liberté et de l'égalité. Lésionnaire, le contrat n'en est pas moins valable, efficace et intangible.

À cette vision libérale qui irriguait le Code civil de 1804, la réforme en ajoute une nouvelle, une vision sociale qui se traduit par l'intrusion du contrat d'adhésion dans le Code civil. Le contrat d'adhésion exprime un rapport de forces lors de la conclusion du contrat. Il est le produit d'une volonté unilatérale, il est composé par un seul des contractants, imposé par un contractant à l'autre qui, en raison de l'inégalité qui préside au stade la formation du contrat, est dans l'impossibilité de le négocier.

L'examen du texte permet facilement d'en découvrir l'esprit. Les auteurs de la réforme ont acté le fait que l'univers contractuel est, en réalité, composé de deux planètes distinctes. La première qui comprend les contrats structurellement équilibrés, autrement-dit ceux qui sont librement et effectivement négociés. La seconde qui contient les contrats structurellement déséquilibrés qui, en raison du rapport de force qui préside à leur conclusion, ne sont pas librement négociés. Et cette différence profonde de nature implique fatalement une distinction de régime (sur cette distinction, v. F. Zénati-Castaing et T. Revet, *Cours de droit civil. Contrats. Théorie générale. Quasi-contrats*, PUF, 2014, *passim*). Aussi, dans la réforme, trouve-t-on des règles qui n'ont vocation à jouer qu'à propos des contrats d'adhésion et qui sont exclues en matière de contrat de gré à gré, la sanction des clauses abusives notamment (v. *supra*).

Une lecture attentive du texte permet de cerner plus précisément la notion de contrat d'adhésion, même si on peut envisager que le contenu définitif de cette notion dépendra à l'avenir de la conception qu'en retiendront les juges et de leur idéologie. Ainsi, le contrat d'adhésion est celui dont les conditions générales ont été soustraites à la libre négociation et prédéterminées unilatéralement. Le contrat d'adhésion repose donc sur trois critères. Le premier, essentiel, réside dans l'impossibilité de négociation qui permet de le distinguer fondamentalement du contrat de gré à gré qui, lui, est librement négocié; l'absence de liberté dans la négociation est donc le marqueur du contrat d'adhésion. Le deuxième critère, qui est à relier avec le premier, est l'unilatéralisme qui a présidé à la composition du contrat. Le troisième critère délimite les contours matériels de la notion de contrat d'adhésion : l'impossibilité de négocier doit porter sur les conditions générales du contrat. Il est permis d'hésiter sur le contenu de cette notion. Dans une perspective restrictive, qui repose sur l'appréhension traditionnelle de cette notion en droit des contrats, les conditions générales doivent être opposées aux conditions particulières, lesquelles représentent le cœur même de l'opération contractuelle (le prix, le bien, la prestation), alors que les conditions générales, elles, ont plutôt pour objet les clauses accessoires et périphériques, par exemple celles qui édictent les sanctions de l'inexécution, qui énoncent des règles sur la preuve ou sur la compétence en cas de litige, etc. C'est, en effet, dans ces conditions générales, auxquelles les parties ne prêtent en général pas beaucoup d'attention et que, quoi qu'il en soit, elles n'ont pas le pouvoir de négocier, que le risque de déséquilibre et d'abus est le plus important, alors que les conditions particulières, parce qu'elles sont discutées par les contractants, n'emportent pas de tels risques ou pas autant. Dans une perspective plus extensive, qui repose sur la « *ratio legis* de la réception par le droit commun du contrat d'adhésion » laquelle réside « dans la volonté de faire la distinction entre les contrats dont le contenu a pu être négocié et ceux dont le contenu n'a pas pu être négocié » (T. Revet, « Les critères du contrat d'adhésion, article 1110 du Code civil », *D.* 2016. 1771, spéc. n° 7) la notion de conditions générales doit recevoir un sens propre au contrat d'adhésion » et s'entendre « du contenu du contrat pris dans son ensemble, parce que le contrat d'adhésion est celui dont le contenu n'a pas pu être négocié par l'un des contractants, qui n'a pas eu d'autre possibilité que d'accepter ou de refuser en bloc le contenu proposé par l'autre » (*ibid.*, spéc. n° 8).

Il faudra certainement attendre quelques années pour savoir la conception que retiendra finalement la jurisprudence et apprécier la portée de l'intrusion du contrat d'adhésion dans le Code civil.

Article 1112-1

« Celle des parties qui connaît une information dont l'importance est déterminante du consentement de l'autre doit l'en informer dès lors que, légitimement, cette dernière ignore cette information ou fait confiance à son cocontractant.
Néanmoins, ce devoir d'information ne porte pas sur l'estimation de la valeur de la prestation.
Ont une importance déterminante les informations qui ont un lien direct et nécessaire avec le contenu du contrat ou la qualité des parties.
Il incombe à celui qui prétend qu'une information lui était due de prouver que l'autre partie la lui devait à charge pour cette autre partie de prouver qu'elle l'a fournie.
Les parties ne peuvent ni limiter, ni exclure ce devoir.
Outre la responsabilité de celui qui en était tenu, le manquement à ce devoir d'information peut entraîner l'annulation du contrat dans les conditions prévues aux articles 1130 et suivants ».

L'article 1112-1 nouveau n'est pas à proprement... nouveau, du-moins dans son principe. Depuis déjà bien longtemps, en effet, la Cour de cassation imposait, en droit commun, un devoir précontractuel d'information au stade de la négociation du contrat.

Le texte présente cependant l'intérêt de préciser la nature, le domaine et le régime de ce devoir précontractuel d'information, lui-même fondé sur le devoir de négocier de bonne foi.

Quant à sa nature, la lettre du texte précise que ce devoir est d'ordre public, sans doute parce que, comme il vient d'être dit, il repose sur le devoir plus général de bonne foi qui l'est, lui aussi.

Quant à son domaine, ce devoir est déterminé dans une double mesure. D'une part, il ne porte que sur les informations dont l'importance est déterminante du consentement du contractant qui les ignore, c'est-à-dire celles qui ont un lien direct, soit avec le contenu du contrat, soit avec la qualité des parties. En clair, les informations ne sont dues que si elles concernent, d'une part, les prestations qui constituent l'objet du contrat au sens de l'article 1163, le prix régi par les articles 1164 et 1165, ou la contrepartie au sens de l'article 1169, d'autre part, l'identité du cocontractant, ses caractéristiques, son statut, etc. D'autre part, et surtout, aucune information n'est due sur la valeur de la prestation due ou attendue. Cette règle codifie la jurisprudence antérieure qui, dans quelques arrêts très remarqués, avait décidé que l'acquéreur, même professionnel, n'était pas tenue d'informer le vendeur de l'erreur que celui-ci commettait sur la valeur du bien vendu (Civ. 1re, 3 mai 2000, nº 98-11381 ; 17 janv. 2007, nº 06-10442). Outre une justification tirée de l'impératif d'efficacité économique du droit, on peut comprendre la règle comme une application de la règle de la validité des contrats lésionnaire. Admettre en effet, qu'un défaut d'information sur la valeur du bien vendu ou de la prestation effectuée, pouvait emporter une sanction, notamment la nullité du contrat, aurait, en effet, eu pour conséquence d'emporter une exception de taille au principe de la validité des contrats lésionnaires.

Quant à son régime, l'article 1112-1 précise, d'abord, les conditions qui doivent être réunies pour que ce devoir soit dû. D'une part, il faut qu'un des négociateurs détienne une information dont il sait qu'elle a une importance déterminante pour son partenaire dans la négociation. *A contrario*, puisqu'il faut qu'il sache, il ne suffira pas qu'il ait dû connaître ce fait. D'autre part, l'information n'est due que si le négociateur qui ne la connaît pas l'ignore légitimement ou avait confiance dans son partenaire lors de la négociation. Concrètement, seul pourra se prévaloir d'un manquement au devoir d'information, celui qui ne pouvait pas avoir lui-même accès à l'information en question ; manière indirecte d'imposer un devoir de s'informer à celui qui invoque son droit d'être informé. De plus, le négociateur qui pourra invoquer l'existence de relations contractuelles établies avec le partenaire auquel il reproche de son défaut d'information ou mettre en avant le statut particulier de celui avec lequel il négociait, sera habilité à se plaindre d'un manquement de son partenaire. Le texte précise, ensuite, les règles relatives à la preuve du devoir précontractuel d'information. Dans un premier temps, c'est au contractant qui se plaint du manquement à ce devoir d'information d'apporter la preuve que ses conditions légales d'application précitées étaient réunies; en somme, c'est sur lui que pèse la charge de la preuve que l'information précontractuelle lui était effectivement due, parce qu'elle était déterminante de son consentement. Dans un second temps, c'est à celui qui doit transmettre l'information qu'il détenait de prouver qu'il l'a effectivement transmise à son cocontractant. Enfin, le texte énonce les diverses sanctions qui peuvent être prononcées en cas de manquement avéré au devoir précontractuel d'information. En premier lieu, le contractant qui n'a pas communiqué l'information qu'il aurait dû transmettre à son cocontractant engage sa responsabilité civile extracontractuelle. En second lieu, en particulier, quand ce manquement est intentionnel et qu'il provoque une erreur déterminante dans le consentement du cocontractant, le contrat pourra être annulé pour dol.

Article 1143

« Il y également violence lorsqu'une partie, abusant de l'état de dépendance dans lequel se trouve son cocontractant, obtient de lui un engagement qu'il n'aurait pas souscrit en l'absence d'une telle contrainte et en tire un avantage manifestement excessif ».

Nouveau, puisqu'issu de l'ordonnance du 10 février 2016, cet article n'est pas néanmoins complétement innovant. En effet, il est clairement inspiré par un arrêt rendu par la première chambre de la Cour de cassation, le 3 avril 2002 (*Contrats, conc., consomm.* 2002, n° 121, obs. L. Leveneur; *D.* 2002. 1860, note J.-P. Gridel; Somm. comm. 2844, obs. D. Mazeaud; *Defrénois*, 2002, 1246, obs. É. Savaux; *RTD civ.* 2002. 502, obs. J. Mestre et B. Fages), qui a admis, sous forme de principe, la nullité des contrats pour violence économique. Pour autant, en intégrant ce texte dans le nouveau code des contrats, les rédacteurs ont fait un choix de politique juridique fort, car la jurisprudence initiée au début du XXIe siècle n'avait pas rallié tous les suffrages en doctrine et n'avait pas eu une grande descendance en jurisprudence (pour une application, Com. 4 févr. 2015, nº 14-10920 : *RDC* 2015. 445, obs. É. Savaux).

Pour obtenir la nullité du contrat en se fondant sur l'article 1143, le contractant devra, d'une part, démontrer qu'il était, au jour de la conclusion du contrat en état de dépendance, quelle que soit l'origine de celle-ci : économique évidemment, mais aussi psychologique, psychique, physique, intellectuelle... D'autre part, il devra apporter la preuve que son cocontractant en a tiré un avantage manifestement excessif. Par conséquent, il faudra qu'il existe un déséquilibre extrêmement important des prestations contractuelles pour que le contrat soit annulé sur le fondement de l'article 1143 du Code civil. Reste à se demander si l'abus que le texte mentionne est ou non une condition supplémentaire pour le contrat soit annulé sur le fondement de l'article 1143 nouveau. Certains le pensent en se fondant sur la lettre du texte et sur le fait que le vice qu'il institue constitue une forme de violence ; il convient donc, comme tel, de le rattacher au consentement. Aussi, le vice dont il s'agit ne serait-il caractérisé que s'il peut être reproché à un contractant d'avoir extorqué le consentement de son cocontractant « *en usant de méthodes ou de procédés répréhensibles* » (O. Deshayes, T. Genicon, Y.-M. Laithier,

Réforme du droit des contrats, du régime général et de la preuve des obligations, LexisNexis, 2016, spéc. p. 226). Techniquement irréprochable, cette analyse présente l'inconvénient, en termes de politique juridique, de réduire sensiblement la portée du nouveau vice. On peut par ailleurs et surtout répliquer que l'avantage manifestement excessif fait présumer l'abus.

L'article 1143 constitue une remarquable exception au principe de la validité des contrats lésionnaires. Désormais, quand le contrat sera affecté d'un déséquilibre manifestement excessif, engendré par l'exploitation abusive d'un état de dépendance, le contrat sera annulé. Autant dire que ce texte permet au juge de s'immiscer dans le contrat pour corriger les injustices contractuelles les plus flagrantes.

En ce sens, il illustre une évolution forte de notre modèle contractuel. En 1804, le contrat est appréhendé comme le fruit de la liberté et de l'égalité, et le déséquilibre contractuel comme la rançon de cette liberté et de cette égalité. Depuis quelques décennies, et dans quelques textes de l'ordonnance de 2016, le contrat est parfois appréhendé comme le produit d'une liberté unilatérale et d'une inégalité contractuelle : il est composé par un des contractants et imposé à l'autre, lequel est alors exposé au risque d'injustice contractuelle. Dans ce cas de figure, le juge est alors habilité à intervenir pour neutraliser le déséquilibre manifestement excessif en révisant ou en réputant non écrite la clause qui en constitue le ferment ou en annulant le contrat qui en est affecté.

Article 1162

« Le contrat ne peut déroger à l'ordre public ni par ses stipulations, ni par son but, que ce dernier ait connu ou non par toutes les parties »

Article 1169

« Un contrat à titre onéreux est nul lorsque, au moment de sa formation, la contrepartie convenue au profit de celui qui s'engage est illusoire ou dérisoire »

Article 1170

« Toute clause qui prive de sa substance l'obligation essentielle du débiteur est réputée non écrite ».

Si ces trois articles font l'objet d'un seul et unique commentaire, c'est parce qu'ils se substituent, dans une certaine mesure à l'ancien article 1131 qui disposait que « L'obligation sans cause, ou sur une fausse cause, ou sur une cause illicite, ne peut avoir aucun effet ». Situé au sein des dispositions qui régissaient le contrat, cet article portait sur la notion la plus célèbre du droit français des obligations : la cause. Accord de volontés destiné à créer des obligations, le contrat, instrument juridique de l'activité économique, est soumis à quelques conditions de formation et de validité qu'énonçaient les articles 1108 et suivants du Code civil, devenus les articles 1129 et suivants. En soumettant la validité du contrat à l'exigence d'une cause réelle et licite, le législateur canalisait la volonté et la liberté des contractants en imposant une double exigence de rationalité et de licéité. En somme, la volonté contractuelle ne pouvait pas produire d'effet si les obligations qu'elle engendrait étaient privées de cause ou si la cause qui les soustendait était illicite ou immorale.

Désormais, et c'est une des innovations sans doute les plus spectaculaires de la réforme, le mot et la notion de cause ont bel et bien disparu du Code civil.

Pour autant, ce serait sans doute aller un peu vite en besogne que d'affirmer que la cause a désormais été jetée aux oubliettes de l'histoire de notre droit des contrats. En effet, si l'on s'attache aux fonctions que remplissait la cause avant la réforme, on peut plutôt considérer que si la notion a été supprimée, ses fonctions ont été maintenues, comme le révèlent les trois articles analysés dans ces développements.

En premier lieu, la cause dite subjective constituait un instrument de protection de l'intérêt général contre des contrats contraires à l'ordre public et aux bonnes mœurs. La jurisprudence prenait en considération ainsi les motifs impulsifs et déterminants des contractants et annulaient le contrat qu'ils avaient conclu si le consentement de l'un d'entre eux avait été déterminé par un motif illicite ou immoral. L'article 1162 reprend cette règle, puisqu'il édicte que les contrats qui dérogent à l'ordre public, par leurs stipulations ou par leur but, sont nuls. Sous l'empire du droit ancien, on aurait simplement précisé que de tels contrats sont nuls pour cause illicite. Désormais, le texte se contente d'affirmer qu'ils sont nuls. On comprend donc que si la notion de cause subjective a formellement disparu, sa fonction a été maintenue par l'article 1162.

Antérieurement à la réforme, la cause était, en second lieu, un instrument de protection des intérêts privés des contractants ; elle les protégeaient contre un déséquilibre structurel, c'est-à-dire contre des engagements contractuels souscrits sans raison d'être, sans contrepartie, ou moyennant une contrepartie dérisoire ou illusoire. Ainsi entendue, la cause était donc un instrument de protection contre les déséquilibres contractuels structurels, mais pas contre les déséquilibres économiques, la cause ne permettant pas de remettre en cause les contrats lésionnaires qui sont, en principe, valables, efficaces et intangibles. C'est exactement cette fonction de la notion de cause que l'on retrouve énoncée dans l'article 1169 en vertu duquel « Un contrat à titre onéreux est nul lorsque la contrepartie convenue au profit de celui qui s'engage est illusoire ou dérisoire ». La seule différence étant que sous l'empire du droit ancien, la formulation de la règle aurait été la suivante : « Un contrat à titre onéreux est nul, **pour absence de cause** (...) ». On le comprend, si la notion de cause objective a été formellement supprimée, sa fonction perdure dans le droit nouveau.

En troisième lieu, la jurisprudence avait, à la fin du vingtième siècle, exploité de façon audacieuse la notion de cause, notamment pour protéger des contractants contre des clauses de responsabilité considérées comme abusives (Com. 22 oct. 2016, n° 93-18632) parce qu'en raison du caractère dérisoire du plafond de réparation qu'elles fixaient, elles contredisaient l'obligation essentielle du débiteur. C'est cette règle jurisprudentielle que codifie l'article 1170 en vertu duquel « Toute clause qui prive de sa substance l'obligation essentielle du débiteur est réputée non écrite ». Règle qui a pour fonction de préserver la cohérence élémentaire du contrat contre des clauses qui, finalement, le priverait de sa force obligatoire, et dont le domaine est des plus larges qui soit puisque, d'une part, elle vise toutes les clauses, et pas seulement les clauses de responsabilité, et que, d'autre part, elle a vocation à s'appliquer aussi bien aux contrats d'adhésion qu'aux contrats de gré, contrairement à la règle de l'article 1171 qui cantonne la sanction des clauses abusives aux seules clauses qui sont stipulées dans un contrat d'adhésion.

Article 1171

« Dans un contrat d'adhésion, toute clause qui crée un déséquilibre significatif entre les droits et les obligations des parties au contrat est réputée non écrite.
L'appréciation du déséquilibre significatif ne porte ni l'objet principal du contrat ni sur l'adéquation du prix à la prestation ».

Avec l'article 1190, qui dispose que « Dans le doute, (...) le contrat d'adhésion s'interprète contre celui qui l'a proposé », la règle édictée par l'article 1171 est une des déclinaisons de la notion de contrat d'adhésion.

Elle étend, au droit commun des contrats, la protection contre les clauses abusives, initiée dès une loi du 10 janvier 1978 en droit de la consommation et prolongée par une loi du 8 août 2008 en droit des pratiques restrictives de concurrence. Désormais, donc, que le contrat entre dans le champ de l'article L. 212-1 du Code de la consommation, dans celui de l'article L. 442-6, I, 2° du Code de commerce ou dans celui de l'article 1171 du Code civil, les clauses abusives qui y seront stipulées pourront être sanctionnées.

La légitimité d'une telle règle protectrice a déjà été critiquée. Certains craignent qu'elle soit source d'insécurité juridique car elle emportera inéluctablement une judiciarisation du contrat. La notion de déséquilibre significatif serait, selon ces auteurs, floue et laisserait donc une trop grande marge de manœuvre au juge, ce qui, par conséquent, lui permettrait, en réputant non écrites des clauses dans lesquelles il aurait décelé un tel déséquilibre, de modifier purement et simplement le contenu du contrat. Il peut être objecté qu'il serait contraire à la logique la plus élémentaire que des clauses stipulées dans les mêmes conditions, en clair des clauses imposées par un contractant à son cocontractant, et produisant les mêmes effets, à savoir un déséquilibre contractuel significatif, subissent un sort différent selon que le contrat dans lequel elles sont stipulées entre dans le champ d'application du Code de la consommation, du Code de commerce ou du Code civil.

On ajoutera qu'en particulier la notion de déséquilibre significatif est désormais suffisamment maîtrisée pour que son appréciation n'emporte pas d'insécurité particulière. À la lumière de la jurisprudence rendue en matière de droit de la consommation et de droit des pratiques restrictives de concurrence, et des listes dressées par le décret du 18 mars 2009 (C. consom., art. R. 212-1 s.), il est possible de cerner les critères du déséquilibre significatif, lesquels résident notamment dans l'absence de réciprocité des pouvoirs contractuels, le pouvoir arbitraire octroyé à un contractant sur la naissance, l'effectivité ou la pérennité du contrat et la disproportion entre la sanction et le manquement ou le préjudice, notamment.

Par ailleurs, le Code civil circonscrit la protection contre seules clauses abusives stipulées dans un contrat d'adhésion, c'est-à-dire un contrat composé par un seul des contractants et imposé, quant à contenu, à son cocontractant. Dans un contrat de gré à gré dont les stipulations sont librement négociées, une clause, quoiqu'abusive, ne pourra pas être remise en cause sur le fondement de ce texte.

En outre, le risque d'insécurité juridique brandi par certains doit d'autant plus être relativisé que comme dans le Code de la consommation, l'article 1171 exclut expressément de son champ d'application les clauses qui portent « sur l'objet principal du contrat (ou) sur l'adéquation du prix à la prestation ». En somme, la protection contre les clauses qui touchent le cœur des prestations contractuelles est évincée par le texte, qui ne permet donc pas au contractant qui a conclu un contrat d'adhésion d'agir en vue d'obtenir la remise en cause d'un contrat lésionnaire. Aussi, par exemple, les clauses qui emportent la fixation d'un prix significativement déséquilibré ou injuste, sont-elles à l'abri de toute action du consommateur destinée à emporter leur suppression.

La principale difficulté qu'emportera le texte nouveau réside dans son articulation avec les règles du droit de la consommation et du droit des pratiques restrictives de concurrence. Certes, en opportunité, la concurrence entre les articles 1171 du Code civil et L. 212-1 du Code de la consommation est improbable, car le consommateur « a tout intérêt à invoquer les dispositions du droit de la consommation ». En effet, en vertu des articles R. 212-1 et R. 212-2 du Code de la consommation, le caractère abusif de certaines clauses est présumé, « ce qui facilite la démonstration du déséquilibre significatif et, partant, la dénonciation de l'abus » (X. Lagarde, « Questions autour de l'article 1171 », *D*. 2016. 2174, spéc. p. 2175). Les choses sont moins claires quant à l'articulation entre l'article 1171 du Code civil et l'article L. 442-6, I, 2° du Code de commerce. Deux analyses sont possibles à cet égard. Soit, on considère que la règle du Code civil constitue la règle générale et celle du Code de commerce, une règle spéciale, et, par conséquent, un partenaire commercial ne pourra pas se fonder sur l'article 1171 pour obtenir qu'une clause abusive soit réputée non écrite. Soit, on retient que « l'article 1171 du Code civil permet d'entreprendre un contentieux objectif, un procès fait à l'acte aux fins de l'abstraire de ses déséquilibres, tandis que l'article L. 442-6, I, 2° du Code de commerce fonde un contentieux subjectif aux fins de traquer les pratiques déloyales et d'en sanctionner les auteurs » (*ibid.*, spéc. p. 2177). Dans cette seconde conception, « Les deux textes ne puisent pas à la même source et, faute d'impossibilité logique d'une application concurrente, il n'y a pas lieu de retenir que l'un exclut l'autre » (*ibid.*), précisément parce qu'il sera difficile de décider laquelle des deux règles est générale ou spéciale, d'autant que leurs régimes respectifs sont distincts.

Article 1183

« Une partie peut demander par écrit à celle qui pourrait se prévaloir de la nullité soit de confirmer le contrat, soit d'agir en nullité dans un délai de six mois à peine de forclusion. La cause de la nullité doit avoir cessé.
L'écrit mentionne expressément qu'à défaut d'action en nullité exercée avant l'expiration du délai de six mois, le contrat sera réputé confirmé ».

Issu de la réforme générale du droit des contrats par l'ordonnance du 10 février 2016, ce texte a pour intérêt d'illustrer l'une des innovations les plus originales de cette réforme, à savoir la création de mécanismes interrogatoires (souvent appelés dans la pratique « actions interrogatoires », alors pourtant qu'il ne s'agit pas d'actions en justice mais de procédés ayant précisément pour objet de les éviter).

Ce procédé consiste à interroger le titulaire d'un droit (réel ou supposé) sur son intention d'en faire usage ou non, afin de pouvoir clarifier la situation juridique et agir sans rester exposé à une « épée de Damoclès ».

L'article 1183 ouvre ce procédé à un contractant qui craint que l'autre n'exerce contre le contrat une action en nullité : pour consolider sa situation sans avoir à attendre que l'action en nullité soit prescrite (ce qui demande le plus souvent un délai de cinq ans), ce contractant inquiet peut mettre l'autre partie en demeure d'opter dans les six mois pour la confirmation du contrat ou l'exercice de l'action, la non-réponse pendant ces six mois valant confirmation.

Naturellement facultatif, ce procédé de mise en demeure interrogatoire présente des avantages et des inconvénients :

– avantage : réduire à six mois la période d'exposition au risque d'annulation et être donc ensuite en mesure par exemple d'entreprendre des constructions ou transformations du bien acheté ou de le revendre sans se heurter aux réticences du sous-acquéreur ;

– inconvénient : risque de précipiter ainsi l'autre partie à intenter une action qu'elle n'aurait peut-être jamais initiée, voire de lui révéler une cause de nullité qu'elle ignorait peut-être.

Il n'est donc pas certain que la pratique des mises en demeure interrogatoires se répande très vite, ni à l'égard des actions en nullité, ni à l'égard des deux autres cas d'application du même mécanisme ouverts par la réforme de 2016, à savoir :

– l'interrogation du mandant par celui qui doute des pouvoirs réels de son interlocuteur qui se présente comme mandataire (art. 1158) ;

– l'interrogation du titulaire d'un pacte de préférence par le tiers qui s'apprête à acheter le bien couvert par ce pacte (art. 1123, al. 3).

Article 1194

« Les contrats obligent non seulement à ce qui y est exprimé, mais encore à toutes les suites que leur donnent l'équité, l'usage ou la loi ».

Dans une perspective strictement volontariste, teintée de dogmatisme et pêchant par artifice, le contrat est le fruit exclusif de la volonté de ceux qui l'ont conclu. Les obligations qu'il engendre sont donc, exclusivement, celles qui ont été voulues et prévues par les contractants. Qui dit contractuel, dit volontaire, en somme !

En réalité, « il n'y a qu'une fraction du contrat (peut-être très réduite) qui entre sous le faisceau lumineux de la volonté » (J. Carbonnier, *Droit civil, Les obligations,* PUF, n° 34). Une part du contenu du contrat procède, en effet, d'autres forces que celle de la seule volonté des contractants, ce qu'exprime parfaitement l'article 1194, héritier de l'ancien article 1135, qui révèle en pleine lumière le rôle du juge dans la détermination du contenu du contrat. En se fondant sur ce texte, le juge a, en effet, le pouvoir de densifier le contenu du contrat en incorporant des obligations auxquelles les contractants n'avaient pas pensé lors de la négociation du contrat et qu'ils n'avaient donc pas expressément intégrées dans leur loi contractuelle.

La composition du contenu du contrat ne procède donc pas uniquement de ce qui a été voulu et exprimé par les parties lors de la rencontre des volontés, elle découle aussi de tout ce qui est nécessairement impliqué par le principe même du modèle abstrait de contrat qui correspond à l'accord de volontés. Outre le « sur-mesure contractuel », fruit de la volonté des contractants, le contrat emporte des obligations que le juge induit de l'article 1194 et qui constituent le « prêt à porter contractuel », dans la mesure où ces obligations complétives constituent des suites naturelles du modèle de contrat que les parties ont conclu et qui sont inspirées par les lois supplétives, les usages et l'équité.

Contrairement à ce qu'on laisse entendre parfois, en parlant de forçage du contrat par le juge qui exploite l'article 1194 pour incorporer des obligations dans les contrats, celles-ci ne doivent rien au hasard ou à la fantaisie du juge, lequel en sollicitant la loi, les usages et l'équité, se borne à faire en sorte que l'accord dont les parties sont convenues soit, quant à son contenu obligationnel, conforme au modèle de contrat auquel il correspond.

Dès lors, l'article 1194, bien loin d'autoriser un forçage judiciaire du contrat, permet simplement au juge de mettre en conformité, par voie d'adjonction, le contenu d'un accord de volontés avec les exigences juridiques qui en commandent l'effectivité et qu'imposent la loi, la coutume ou l'équité.

Au rang des obligations complétives incorporées au contrat sur le fondement de l'article 1194, il faut mentionner l'obligation de sécurité que le juge a incorporée jadis dans le contrat de transport de personnes et qu'il a dotée d'une intensité particulière en décidant qu'il s'agissait d'une obligation de résultat. Autre illustration d'obligations complétives, les obligations d'information et de conseil qui s'imposent, notamment, aux professionnels qui, lors de l'exécution du contrat, doivent communiquer à leurs contractants tous les éléments propres à permettre à ceux-ci de retirer toute l'utilité escomptée du contrat conclu.

Ces suites judiciaires du contrat qui se traduisent par des obligations complétives, parce qu'elles ne doivent rien à la volonté des contractants et qu'elles procèdent de la loi étatique, sont en principe rétives aux aménagements contractuels relatifs aux sanctions de leur inexécution. Signe de l'empreinte de la loi sur la détermination du contenu du contrat, ces devoirs ou obligations empruntent à la loi sa force contraignante qui les met à l'abri de la volonté des contractants, qui ne peut pas les dispenser de les exécuter ou modérer leur intensité. Ainsi, pas plus que les clauses d'allégement portant sur de telles obligations, la clause par laquelle le débiteur d'une obligation de sécurité substituerait une obligation de moyens à l'obligation de résultat n'aurait la moindre chance de prospérer.

Article 1195

« Si un changement de circonstances imprévisible lors de la conclusion du contrat rend l'exécution excessivement onéreuse pour une partie qui n'avait pas accepté d'en assumer le risque, celle-ci peut demander une renégociation du contrat à son cocontractant. Elle continue à exécuter ses obligations durant la renégociation.

En cas de refus ou d'échec de la renégociation, les parties peuvent convenir de la résolution du contrat, à la date et aux conditions qu'elles déterminent, ou demander d'un commun accord au juge de procéder à son adaptation. À défaut d'accord dans un délai raisonnable, le juge peut, à la demande d'une partie, réviser le contrat ou y mettre fin, à la date et aux conditions qu'il fixe ».

L'article 1195 est sans aucun doute un des textes les plus spectaculaires de la réforme. En effet, il « abroge », dans une certaine mesure au moins, une règle jurisprudentielle vieille de près d'un siècle et demi en vertu de laquelle la Cour de cassation avait refusé la révision judiciaire pour imprévision. Précisément, dans un arrêt en date du 6 mars 1876, La Cour avait affirmé que « Dans aucun cas, il n'appartient aux tribunaux, quelque équitable que puisse leur paraître leur décision, de prendre en considération le temps et les circonstances pour modifier les conventions des parties et substituer des clauses nouvelles à celles qui ont été librement acceptées par les contractants » (Civ. 6 mars 1876, *D.* 1876. 1. 193). En somme, la Cour déniait au juge le pouvoir de réviser un contrat devenu profondément déséquilibré au cours de son exécution, en raison d'un changement de circonstances imprévisible lors de sa conclusion. Même devenu profondément déséquilibré, extrêmement injuste pour un contractant, le contrat conserve sa force obligatoire à l'égard de celui-ci.

La règle « décrétée » par la Cour de cassation constituait un hommage aux impératifs de sécurité juridique et de liberté contractuelle. On considérait que si, dans un tel cas de figure, animé par son sentiment d'équité, le juge pouvait s'immiscer dans le contrat, dans un tel cas de figure, animé par son sentiment d'équité, il porterait fatalement une grave atteinte à la sécurité dans les rapports contractuels. En outre, la règle jurisprudentielle exprimait l'idée que la liberté contractuelle est le meilleur remède pour gérer le risque d'imprévision. Puisque les contractants sont réputés être les meilleurs juges de leurs propres intérêts, il faut faire confiance à leurs capacités d'anticipation et d'adaptation lesquelles peuvent se traduire par l'insertion, dans leur contrat, de clauses destinées à gérer le risque d'imprévision : clause de renégociation, clause d'adaptation, clause de révision, etc.

Il convient tout de même de relever que, jusqu'à la réforme, le droit français était relativement isolé, dans la mesure où de nombreux droits, européens notamment, admettaient la révision ou la résolution pour imprévision, de même que tous les projets d'harmonisation européenne du droit des contrats et les Principes Unidroit du commerce international.

La règle jurisprudentielle connaissait quelques tempéraments que la Cour de cassation avait, elle-même, énoncés, du moins pendant un certain temps. En effet, dans quelques décisions, elle avait admis que, dans une telle hypothèse, le contractant qui refusait de renégocier le contrat devenu extrêmement désavantageux pour son partenaire qui ne pouvait plus, en l'état, pratiquer des prix concurrentiels, était de mauvaise foi et engageait sa responsabilité (Com. 3 nov. 1992, n° 90-18547 ; 24 nov. 1998, n° 96-18357). Cependant, dans un arrêt postérieur, la Cour avait semblé remettre en cause cette règle de la renégociation pour imprévision, imposée au nom de la bonne foi. En effet, le 7 janvier 2014, la chambre commerciale a affirmé que « le franchisé est un entrepreneur indépendant qui assume et porte la responsabilité de ses résultats d'exploitation, financiers, et commerciaux, l'obligation du franchiseur ne s'étendant pas à la prise en charge des pertes du franchisé, et le principe de la force obligatoire des conventions s'oppose à l'obligation qui pourrait être mise à la charge d'une partie, en l'absence de clause en ce sens, de renégocier un contrat en cours d'exécution » (Com. 7 janv. 2014, n° 12-17154).

Avec l'article 1195, la donne a donc changé et on peut affirmer que la réforme intègre dans notre Code civil la révision pour imprévision. C'est, apparemment, au moins une révolution contractuelle, dont il convient donc d'examiner le régime avec attention. Le texte prévoit un processus qui comporte trois étapes, lesquelles supposent pour être franchies qu'un certain nombre de conditions soient réunies.

Deux conditions doivent, dans un premier temps, être réunies, pour que le mécanisme mis en place par la loi puisse entrer en jeu. En premier lieu, il faut un changement de circonstances imprévisible lors de la conclusion du contrat. On relèvera que, faute de précisions, le changement de circonstances peut être d'ordre économique, politique, social, technologique, etc. Quant au caractère imprévisible de ce changement, il est concevable de considérer qu'il doit être seulement raisonnablement imprévisible pour le contractant qui s'en prévaut. En second lieu, le changement en question doit rendre l'exécution du contrat excessivement onéreuse pour un contractant. *A contrario*, il n'est pas nécessaire que l'exécution du contrat soit devenue impossible, auquel cas ce sont les règles relatives à la force majeure qui s'appliqueront ; il suffit que l'exécution, telle qu'elle avait été prévue par le contrat, devienne excessivement onéreuse, mais donc, pas seulement non plus onéreuse pour un contractant. La notion clé ici est ainsi celle d'excès.

Quand ces deux conditions sont réunies, le processus légal de l'imprévision peut entrer en jeu. D'abord, le contractant qui subit les effets du changement de circonstances peut demander à son cocontractant la renégociation du contrat. On peut se demander, à ce stade, s'il le peut ou s'il le doit et donc s'interroger sur les conséquences de l'absence d'une telle demande. Précisément, s'agit-il, ou non, d'une fin de non-recevoir que pourrait lui opposer son cocontractant pour faire obstacle à la suite du processus prévu par la loi ? Ensuite, si la renégociation est refusée ou qu'elle échoue, les contractants peuvent convenir que le contrat est résolu ou demander au juge d'adapter leur contrat. Il ne paraît pas illégitime de se demander si cette deuxième phase du processus légal n'est pas illusoire. En effet, si un contractant refuse la renégociation, on voit mal pourquoi il accepterait sa résolution ou sa révision judiciaire. Enfin, faute d'accord dans un délai raisonnable, un contractant, concrètement celui qui subit les effets néfastes du changement de circonstances, peut demander au juge de résoudre ou de réviser le contrat.

On le constate donc, l'article 1195 admet la révision judiciaire pour imprévision et c'est en cela qu'on peut affirmer qu'il emporte une révolution contractuelle. Cependant sa portée doit être relativisée. En effet, comme la lettre de ce texte le révèle sans la moindre ambiguïté, il n'est pas d'ordre public et une clause d'acceptation du risque d'imprévision stipulée dans le contrat évince le mécanisme légal. Autrement dit, l'article 1195 n'a vocation à jouer qu'à défaut de volonté contractuelle contraire. Les contractants peuvent donc stipuler des clauses, soit qui écartent l'ensemble du processus légal, soit qui l'aménagent.

Autant dire que s'il y a révolution au regard du droit antérieur, il s'agit d'une simple révolution de velours. En effet, la liberté contractuelle demeure le centre de gravité de la question de l'imprévision. Avant la réforme, la liberté contractuelle constituait le remède contre le risque d'imprévision, *via* des clauses de renégociation, d'adaptation et de révision. Avec la réforme, elle devient une parade contre le risque d'intervention du juge dans le contrat, *via* des clauses d'acceptation ou d'aménagement du risque d'imprévision. Reste qu'il conviendra sans doute d'apprécier différemment la vitalité de telles clauses selon qu'elles seront stipulées dans un contrat de gré à gré ou dans un contrat d'adhésion.

Article 1199

« Le contrat ne crée d'obligations qu'entre les parties.
Les tiers ne peuvent ni demander l'exécution du contrat ni se voir contraints de l'exécuter sous réserve des dispositions de la présente section et de celles du chapitre III du titre IV ».

Article 1200

« Les tiers doivent respecter la situation juridique créée par le contrat.
Ils peuvent s'en prévaloir notamment pour apporter la preuve d'un fait ».

Énoncé par l'ancien article 1165 du Code civil, le principe de l'effet relatif, énoncé désormais dans l'article 1199, constitue une application de la théorie qui, pendant près de deux siècles, a irrigué le droit des contrats, à savoir la théorie de l'autonomie de la volonté, en vertu de laquelle la volonté des personnes qui le concluent, non seulement se suffit à elle-même pour créer le contrat et pour lui insuffler sa force obligatoire, mais encore en détermine la portée *ratione personae*.

Il exprime aussi parfaitement l'individualisme du Code civil de 1804, en garantissant la liberté et l'indépendance de chacun. En somme, la souveraineté des contractants s'arrête là où commence la liberté des tiers : « le contrat n'a en principe d'effets qu'à l'égard des individus qui l'ont voulu, car des volontés particulières ne peuvent commander à d'autres volontés particulières » (F. Terré, Ph. Simler, Y. Lequette, *Droit civil. Les obligations*, 10e éd., Dalloz, coll. « Précis », 2009, spéc. n° 482). Au fond, les contractants n'ont pas le pouvoir d'intégrer un tiers dans les liens d'un contrat sans sa volonté ; nul ne peut être contractuellement engagé contre son gré ou à son insu. Concrètement, les parties au contrat ne peuvent pas créer d'obligations à la charge des tiers, lesquels ne peuvent donc pas être débiteurs d'une obligation contractuelle par l'effet d'un contrat à la conclusion duquel ils n'ont pas participé. Par conséquent, comme le précise l'alinéa 2, de l'article 1199, le créancier d'une obligation contractuelle ne peut pas, au cours de l'exécution du contrat qui l'a engendrée, en exiger l'exécution par un tiers. Réciproquement, un tiers ne peut pas, au cours de l'exécution d'un contrat à la formation duquel il n'a pas participé, exiger d'un débiteur contractuel qu'il exécute à son profit une créance créée par ce contrat.

Dès 1804, ce principe cardinal du droit des contrats souffrait une exception édictée par l'article 1121, qui instituait la stipulation pour autrui, mécanisme en vertu duquel un tiers devient créancier d'une obligation à la suite d'un contrat passé entre deux contractants. Ainsi, un tiers, alors qu'il n'a manifesté aucune volonté en ce sens, acquiert la qualité de créancier d'une obligation contractuelle par l'effet d'un contrat conclu indépendamment de sa volonté. La créance contractuelle lui est alors acquise par le seul effet du contrat conclu par autrui et, ce, dès la conclusion de celui-ci, puisque son acceptation ne constitue ni une condition de validité, ni une condition d'efficacité de la créance créée à son profit. Elle a simplement pour effet de la consolider en rendant impossible la révocation de la stipulation. Cette exception au principe de l'effet relatif, qui avec le temps a connu un essor économique remarquable, est d'autant moins surprenante qu'elle profite au tiers, qui devient créancier par la grâce de ce contrat conclu par autrui. Elle a été reprise et son régime a été précisé par les articles 1205 et suivants qui codifient les solutions jurisprudentielles.

Reste que l'article 1165 et le principe de l'effet relatif qu'il énonçait ne suffisaient pas à restituer la portée du contrat à l'égard des tiers en droit contemporain. Le contrat ne peut plus être appréhendé comme un lien exclusivement inter-individuel, il s'inscrit dans un contexte économique et social qui rayonne bien au-delà du cercle étroit des contractants. D'une part, appréhendé non plus comme un acte juridique, créateur de droits et d'obligations, mais comme un fait économique et social qui crée une situation juridique, le contrat s'impose aux tiers qui, dans l'exercice de leurs activités, doivent le respecter. Le contrat est donc opposable aux tiers, qui peuvent notamment voir leur responsabilité extracontractuelle mise en jeu, s'ils contribuent à son inexécution avec le débiteur. C'est cette règle de l'opposabilité du contrat aux tiers qu'édicte l'article 1200. Inversement, les tiers peuvent aussi opposer le contrat. L'article 1200 dispose, en ce sens, qu'ils peuvent s'en prévaloir pour apporter la preuve d'un fait. Par ailleurs, en droit positif, lorsque l'inexécution d'un contrat cause un dommage à un tiers, celui-ci peut exercer une action en responsabilité extracontractuelle contre le débiteur fautif, à la seule condition d'apporter la preuve que son préjudice est la conséquence du manquement contractuel imputable au débiteur. On ne trouve pas trace de cette règle dans la réforme, sans doute parce qu'il a été décidé en hauts lieux que cette question relevait du droit de la responsabilité civile et pas du droit des contrats, ce qui ne s'impose pas avec la force de l'évidence.

On peut aussi regretter que la réforme n'envisage les effets du contrat à l'égard des tiers qu'à propos d'un contrat isolé. Il existe, en effet, fréquemment des cas dans lesquels un contrat est intégré dans un ensemble plus vaste, dans un groupe de contrats. La réforme aurait pu constituer une excellente occasion pour énoncer les grands principes qui régissent les effets, à l'égard des tiers, d'un contrat intégré dans un groupe de contrats.

Article 1221

« Le créancier d'une obligation peut, après mise en demeure, en poursuivre l'exécution en nature, sauf si cette exécution est impossible ou s'il existe une disproportion manifeste entre son coût pour le débiteur et son intérêt pour le créancier ».

L'article 1142 du Code civil de 1804 réservait l'exécution « en nature » aux seules obligations de donner ; les obligations de faire, comme celles de ne pas faire, étaient simplement susceptibles, en cas d'inexécution, de se résoudre en dommages et intérêts. Dans l'esprit du codificateur de jadis, la force obligatoire du contrat, quoiqu'elle constitue une valeur sociale primordiale, devait fléchir face à la liberté individuelle du débiteur et excluait donc d'exposer celui-ci à une contrainte corporelle. Progressivement, la Cour de cassation avait réécrit ce texte et énoncé le principe de l'exécution en nature de toutes les obligations, qu'elles soient de donner, de faire ou de ne pas faire.

C'est ce principe qui a été codifié par la réforme. Comme il l'était déjà en vertu de la jurisprudence antérieure, le créancier est désormais, par application du nouvel article 1221, titulaire d'un droit à l'exécution en nature, qui lui permet d'obtenir du juge qu'il impose au débiteur l'exécution de l'obligation telle qu'elle avait été contractuellement souscrite, quel que soit son objet ou la nature de la prestation promise.

Désormais codifié, ce principe repose essentiellement sur le lien culturel, propre à notre modèle contractuel, noué avec l'article 1103 du nouveau Code civil, aux termes duquel « les contrats légalement formés tiennent lieu de lois à ceux qui les ont faits ». La parole contractuellement donnée a une valeur telle qu'elle n'a pas de prix ; elle ne peut donc pas être « rachetée » moyennant des dommages-intérêts. Autrement dit, le principe étudié constitue le prolongement naturel du principe cardinal de la force obligatoire, aujourd'hui énoncé par l'article précité. Le principe moral du respect de la parole donnée constitue donc le ferment du principe de l'exécution forcée en nature dans notre modèle contractuel. Plus prosaïquement, le principe étudié garantit la réalisation du contrat tel qu'il avait été conclu et conçu par les contractants. Seule l'exécution imposée au débiteur, qui n'a pas spontanément exécuté son obligation, est à même d'emporter la satisfaction recherchée par le créancier lors de la conclusion du contrat, de répondre à son attente légitime, à savoir l'exécution de la prestation promise par le débiteur, au contraire de l'exécution dite par équivalent laquelle n'est susceptible d'apporter au créancier qu'une satisfaction assez théorique et illusoire quand elle prend la forme de dommages-intérêts.

Pour que l'exécution soit imposée au débiteur, il est seulement nécessaire que le débiteur soit mis en demeure. Soumise à des conditions de forme assez souples par l'article 1344, la mise en demeure révèle la ferme volonté du créancier d'obtenir l'exécution de sa créance et emporte le constat officiel de l'inexécution imputable au débiteur.

Codifié et consacré par la réforme, le principe de l'exécution imposée au débiteur connaît quelques exceptions.

Ces exceptions sont, en premier lieu, d'origine légale. L'exécution en nature est d'une part très classiquement évincée lorsque, comme l'énonce très sobrement l'article 1221, elle est impossible. L'exception n'appelle pas de commentaires particuliers ; la plupart des commentateurs du texte ont, en effet, remarqué à juste titre qu'à travers ce terme, les rédacteurs de l'ordonnance ont entendu cristalliser les exceptions que la jurisprudence avait naguère énoncées et exceptionnellement mises en œuvre, à savoir les impossibilités matérielles, juridiques et morales. La réforme, non sans quelque paradoxe, après avoir gravé dans le marbre du Code civil le principe de l'exécution forcée, lui apporte une nouvelle exception jusqu'alors inconnue et que la jurisprudence excluait catégoriquement (v. par ex. Civ. 3e, 11 mai 2005, n° 03-21136). L'article 1221 dispose, en effet, que l'exécution en nature peut être refusée au créancier « s'il existe une disproportion manifeste entre son coût pour le débiteur et son intérêt pour le créancier ». Cette innovation ne fait pas l'unanimité en doctrine ! Certains dénoncent l'insécurité juridique qu'elle emporte et lui reprochent de porter une atteinte fatale au principe du respect de la parole donnée au nom de l'analyse économique du droit. Il est concevable de répliquer que comme tout droit, tout pouvoir ou toute prérogative, le droit à l'exécution en nature est canalisé par la traditionnelle réserve d'abus, ni plus, ni moins. En somme, avec cette exception nouvelle, la loi neutralise simplement la jurisprudence qui se livrait parfois à une application « caricaturale » (B. Fages, *Droit des obligations*, LGDJ, 2016, spéc. n° 294) du principe de l'exécution forcée. D'ailleurs, si on s'attache à la lettre de la loi qui soumet le jeu de l'exception à une disproportion manifeste, il est clair qu'en pratique la portée de celle-ci ne devrait pas emporter les sinistres contractuels que certains prédisent.

En second lieu, c'est la liberté contractuelle qui sera susceptible d'infléchir le principe énoncé par l'article 1221, tout comme son régime et même peut-être ses exceptions légales, étant précisé que l'appréciation de la validité d'une clause, dans ce domaine, sera différente selon que celle-ci sera stipulée dans un contrat de gré à gré ou dans un contrat d'adhésion. Ainsi, des clauses valables dans un contrat de gré à gré ne le seront pas dans un contrat d'adhésion, si elles emportent un déséquilibre contractuel significatif. On peut ainsi, d'abord, s'interroger sur le sort de la clause qui écarterait, en cas de manquement contractuel, la sanction de l'exécution forcée et lui substituerait une simple exécution par équivalent ? Bien que le principe du droit du créancier d'imposer l'exécution à son débiteur, qui ne s'exécute pas spontanément en dépit de la mise en demeure qui lui a été adressée, constitue un principe fondamental de notre modèle contractuel et qu'il ait fait son entrée officielle dans le Code civil, il ne semble pas qu'il soit frappé du sceau de l'ordre public. Aussi, pourrait-il, d'une façon générale être évincé par les contractants, qui pourraient donc convenir qu'en cas d'inexécution spontanée de son obligation, le débiteur ne pourrait être condamné qu'à des dommages et intérêts. Quant à l'exigence de mise en demeure, ensuite, l'efficacité d'une clause qui en dispenserait le créancier ne fait pas de doute. Elle s'induit de la lettre de l'article 1344 qui dispose que la mise en demeure peut résulter, si le contrat le prévoit, de la seule exigibilité de l'obligation. Reste à savoir, enfin, si une clause pourrait aussi écarter l'exception de disproportion manifeste que l'article 1221 énonce pour écarter le droit du créancier d'imposer l'exécution à son débiteur. En faveur de la validité d'une telle clause, il est envisageable de l'appréhender comme une simple clause de gestion des risques qui permet simplement au créancier d'obtenir ce qui est contractuellement dû (Y.-M. Laithier, « Les sanctions de l'inexécution du contrat », *RDC* 2016, spéc. p. 42). Mais pour franchir le test de validité, une telle clause devrait surmonter deux obstacles. En premier lieu, la nature du contrat dans lequel elle est stipulée (gré à gré ou adhésion). En deuxième lieu, et celui-ci nous paraît infranchissable, celui de la réserve d'abus dont l'exception nous semble être une expression ; on voit mal, en effet, qu'un créancier puisse conventionnellement se ménager l'exercice abusif d'un droit dont il est titulaire.

Article 1224

« La résolution résulte soit de l'application d'une clause résolutoire soit, en cas d'inexécution suffisamment grave d'une notification du créancier au débiteur ou d'une décision de justice ».

Le sort du contrat inexécuté constitue, notamment, l'objet de l'article 1224 du Code civil qui prescrit, avec d'autres, les sanctions de l'inexécution.

Parce que le contrat a force obligatoire et que son intérêt réside pour les parties qui l'ont conclu dans l'exécution de la prestation promise, le créancier d'une obligation inexécutée peut, d'abord, en guise de réplique au manquement contractuel imputable à son débiteur, refuser d'exécuter ou suspendre l'exécution de sa propre obligation (art. 1219 s.), ensuite, exiger l'exécution forcée en nature de l'obligation que celui-ci avait contractée à son profit (art. 1221 s.), en outre solliciter une réduction du prix (art. 1223), de plus, demander la réparation des conséquences de l'inexécution (art. 1231), enfin demander ou provoquer la résolution du contrat, comme l'énonce l'article commenté.

Faute d'une clause résolutoire de plein droit qui présente le double avantage d'éviter au créancier de saisir le juge et de provoquer la résolution du contrat à la seule condition que le manquement du débiteur soit visé dans la clause, indépendamment de sa gravité, le créancier, si le manquement est suffisamment grave, est désormais titulaire d'une option.

En premier lieu, comme l'avait décidé la Cour de cassation, dans un arrêt de principe, un contractant peut, lorsque son contractant se rend coupable d'un comportement grave, résoudre unilatéralement le contrat inexécuté, par simple voie de notification (Civ. 1re, 13 oct. 1998, n° 96-21485). En admettant la résolution unilatérale, sous la pression de l'impératif de l'efficacité économique du droit, la Cour de cassation a aligné le droit français sur la plupart de ses voisins européens qui connaissent depuis longue date la résolution sans juge, laquelle procure au créancier un double gain, de temps et d'argent. L'intervention du juge suppose en effet un temps certain, engendre des coûts et est nécessairement aléatoire quant au sort du contrat inexécuté. En second lieu, le créancier, victime d'une grave inexécution peut opter pour la résolution judiciaire, qui a longtemps constitué le principe dans notre modèle contractuel, ce qui s'expliquait, d'une part, par des considérations d'ordre moral : l'intervention du juge évite, en effet, qu'un contractant exploite un manquement contractuel insignifiant de son cocontractant pour reprendre unilatéralement son engagement contractuel. C'est le juge, et lui seul, qui doit apprécier si la gravité du manquement justifie la résolution du contrat ou est compatible avec son maintien. Si la résolution judiciaire constituait naguère le principe, c'est d'autre part, pour des raisons humanistes, parce que le juge peut ainsi accorder un délai de grâce au débiteur qui ne peut pas exécuter son obligation en raison des difficultés auxquelles il est confronté. Morale et humanisme contractuels étaient donc les ferments de la résolution judiciaire, qui doit donc désormais composer avec la résolution par simple voie de notification, laquelle constitue non plus une simple exception, mais un principe concurrent.

Article 1231-1

« Le débiteur est condamné, s'il y a lieu, au paiement de dommages et intérêts, soit à raison de l'inexécution de son obligation, soit du retard dans l'exécution, s'il ne justifie pas que l'exécution a été empêchée par la force majeure ».

L'article 1231-1 nouveau du Code civil constitue le centre de gravité de la responsabilité contractuelle, en vertu de laquelle le débiteur qui n'exécute pas le contrat, tel qu'il avait été conclu et conçu, doit payer des dommages et intérêts à son créancier, pour que celui-ci obtienne l'exécution de son obligation par équivalent, même s'il ne recevra pas alors concrètement l'équivalent de l'exécution de sa créance. Sa lettre énonce, en effet, les conditions qui doivent être réunies pour qu'un débiteur qui ne respecte pas la parole qu'il avait contractuellement donnée soit condamné à payer des dommages et intérêts à son cocontractant, et le cas dans lequel, en dépit de l'inexécution, il échappe à toute responsabilité.

En premier lieu, pour que sa responsabilité contractuelle soit engagée, un débiteur doit s'être rendu coupable d'une inexécution du contrat qu'il avait conclu. Et c'est sur l'identification de ce fait générateur de la responsabilité du débiteur contractuel, qui ne respecte pas fidèlement, ponctuellement et loyalement son engagement, cristallisé dans le contrat qu'il a conclu, que porte la première partie du texte. L'article 1231-1 distingue selon les catégories d'inexécution et non selon la gravité de la faute commise par le débiteur. Le texte évoque, d'une part, l'inexécution pure et simple de l'obligation contractuelle, d'autre part, l'exécution tardive, étant entendu que cette énumération n'est pas exhaustive et qu'on entend aussi par inexécution, susceptible de provoquer la mise en jeu de la responsabilité du débiteur, l'exécution partielle ou l'exécution défectueuse, par exemple. En creux, il convient donc d'intégrer l'idée selon laquelle la gravité de la faute contractuelle est indifférente dans la perspective de la mise en jeu de la responsabilité contractuelle, alors qu'elle peut jouer un rôle décisif dans la détermination du montant de la dette de réparation. De même, la loyauté du débiteur, objectivement coupable d'un manquement contractuel, est indifférente quand il s'agit d'envisager la réalité de son manquement contractuel. Peu importe sa bonne foi, si son manquement contractuel est caractérisé.

En second lieu, l'article 1231 édicte, pour des raisons qui tiennent au sentiment de justice le plus élémentaire, une exigence d'imputabilité pour qu'en cas d'inexécution d'une obligation contractuelle, le créancier puisse réclamer à son débiteur des dommages et intérêts. La responsabilité du débiteur contractuel du fait de son manquement suppose, en effet et fort heureusement, que le manquement en question puisse vraiment lui être reproché. Aussi, s'il est avéré que le manquement contractuel n'est pas dû à son fait illicite (un manquement à ses obligations contractuelles) mais qu'il procède d'un événement constitutif de force majeure, sa responsabilité ne pourra pas être mise en jeu. C'est le nouvel article 1218 qui énonce la définition de la force majeure, entendue comme « un événement échappant au contrôle du débiteur, qui ne pouvait être raisonnablement prévu lors de la conclusion du contrat et dont les effets ne peuvent évités par des mesures appropriées, (et qui) empêche l'exécution de son obligation par le débiteur ». Au regard de la jurisprudence antérieure qui, en matière contractuelle, définissait la force majeure comme un événement imprévisible lors de la conclusion du contrat et irrésistible dans son exécution (Ass. plén. 14 avr. 2006, n° 02-11168), la lettre du texte innove en modifiant la définition en question. Le premier élément constitutif de la force majeure consiste dans le fait que l'événement doit échapper au contrôle du débiteur. Cette condition n'est pas sans rappeler celle d'extériorité que la jurisprudence exigeait naguère mais ne se confond pas avec elle, car elle est plus large ; elle vise les événements sur lesquelles le débiteur n'a pas de pouvoir, même s'ils ne lui sont pas extérieurs, comme la maladie par exemple. Le deuxième caractère que doit présenter un événement pour être appréhendé comme un cas de force majeure est l'imprévisibilité, laquelle doit exister lors de la conclusion du contrat et qui sera appréciée en fonction des prévisions contractuelles relatives aux conséquences de l'événement empêchant l'exécution du contrat. Le troisième caractère que doit présenter l'événement pour constituer un cas de force majeure est l'inévitabilité, ce qui rappelle la condition d'irrésistibilité. Enfin, l'événement doit rendre impossible l'exécution du contrat, ce qui distingue l'article 1218, alinéa 2, de l'article 1195 qui, pour sa part, ne régit que les effets d'un contrat dont l'exécution est devenue excessivement onéreuse, à la suite d'un changement imprévisible de circonstances, et pas impossible. Si l'empêchement d'exécuter, provoqué par l'événement constitutif d'un cas de force majeure est définitif, le contrat est résolu ; s'il n'est que temporaire, il est suspendu.

Article 1240

« Tout fait quelconque de l'homme, qui cause à autrui un dommage, oblige celui par la faute duquel il est arrivé, à le réparer ».

Fruit d'une longue évolution, héritée du droit romain et inspirée par Domat et Pothier, les pères naturels du Code civil, l'article 1382 énonce le principe de la responsabilité pour faute qui a irradié notre droit de la responsabilité civile au XIXe siècle. Conçue comme une limite à la liberté individuelle, la responsabilité civile, dont la vocation consistait à édicter des normes morales et sociales qui tendaient à prévenir la réalisation de dommages et à sanctionner les comportements générateurs de préjudices, reposait logiquement sur l'idée de faute : la liberté individuelle ne devait fléchir que si une faute de l'auteur du dommage pouvait être démontrée. Pendant près d'un siècle, donc, la faute, à forte coloration religieuse et morale, constituait tout naturellement le filtre de la responsabilité.

Mais à la fin du XIXe siècle, le droit de la responsabilité, d'essence normative, préventive et répressive est apparu inadapté aux réalités de la vie moderne. Les mutations sociales, économiques et scientifiques que la société a connues, à cette époque, ont rejailli fatalement sur son régime. L'avènement du machinisme, l'urbanisation croissante, le développement des sciences et des techniques sont, en effet, allés de pair avec une multiplication et une aggravation des préjudices : la société a perdu en sécurité ce qu'elle a gagné en modernité. De plus, une évolution sensible des mentalités s'est produite : au sentiment d'individualisme et à l'idéal de liberté se sont agrégées, sinon substituées progressivement, les idées d'altruisme et de solidarité. La dangerosité croissante de notre société a engendré, dans la conscience collective, la promotion de l'indemnisation des préjudices, corporels notamment, au rang d'impératif social. En clair, l'objectif d'indemnisation des victimes a pris le pas sur le souci de sanctionner le comportement fautif des auteurs de dommages. Et fatalement ce passage d'un droit tourné vers la sanction à un droit orienté vers l'indemnisation a provoqué un déclin sensible du rôle de la faute, car pour de très nombreux dommages, avatars de l'évolution de notre société (accidents du travail, accidents de la circulation, accidents de la consommation), il était quasiment impossible pour la victime d'apporter la preuve d'une faute à leur origine. Dès lors, de filtre nécessaire pour identifier le responsable, la faute est apparue, trop souvent, comme un obstacle à l'indemnisation de la victime. Aussi, à partir de la fin du XIXe siècle, a-t-on assisté à la prolifération de règles jurisprudentielles et légales de responsabilité sans faute, de responsabilités objectives, qui permettaient la réparation du préjudice, sans que la victime ait à prouver la faute de l'auteur du dommage. Ce phénomène est allé croissant les années passant, à tel point qu'aujourd'hui la responsabilité sans faute est devenue le principe en droit positif et a relégué la responsabilité pour faute à un rang annexe.

Quelques décennies plus tard, toujours dans la perspective de simplifier et d'améliorer l'indemnisation des victimes, la Cour de cassation a opéré une profonde mutation de la notion de faute, elle-même. Alors que, jusqu'en 1984, la faute (subjective) reposait sur deux éléments, l'illicéité et l'imputabilité, la haute juridiction l'a expurgée de toute dimension morale et spirituelle. Dans plusieurs arrêts, rendus le 9 mai 1984, l'Assemblée plénière a affirmé que l'existence de la faute ne supposait plus que soit démontrée chez son auteur la capacité de discerner les conséquences de son acte. Par conséquent, désormais, un inconscient, dément ou *infans* par exemple, qui a causé un dommage peut voir sa responsabilité pour faute, retenue puisque celle-ci se réduit simplement désormais à un acte objectivement illicite... D'une faute morale, dans laquelle affleurait l'idée de péché, on est passé à une simple faute sociale, objectivée, laïcisée, désincarnée, ciselée par les juges en vue d'améliorer l'indemnisation des victimes, mais qui peut aussi se retourner contre elles, lorsqu'elles sont inconscientes et qu'elles ont commis une faute susceptible de réduire leur indemnisation, alors même qu'elles sont privées de libre arbitre...

Article 1242, alinéa 1er

« On est responsable non seulement du dommage que l'on cause par son propre fait, mais encore de celui qui est causé par le fait des personnes dont on doit répondre ou des choses que l'on a sous sa garde ».

La lettre du texte révèle clairement quelle était sa fonction dans l'esprit de ses rédacteurs. Il ne s'agissait nullement d'édicter une norme juridique quelconque. L'ex-article 1384, alinéa 1er, auquel est désormais substitué l'article commenté, n'était rien d'autre qu'une phrase de transition entre le principe général de la responsabilité du fait personnel, énoncé dans les articles 1382 et 1383 (désormais art. 1240 et 1241), et les cas spéciaux de responsabilité du fait d'autrui et du fait des choses régis par ses alinéas 2 et suivants, ainsi que par les articles 1385 et 1386 (désormais art. 1243 et 1244). Au fond, dans le Code civil, ce texte était bien formellement une loi, mais matériellement elle ne constituait pas une règle de droit de la responsabilité civile.

C'est pourtant cette suite de mots de la loi, sans portée normative aucune, que la Cour de cassation a exploitée à partir de la fin du XIXe siècle pour faire subir au droit de la responsabilité civile une extraordinaire métamorphose, bouleversant ainsi son esprit. C'est en découvrant une règle de droit, dans ce texte qui n'en contenait pas, que la Cour de cassation a créé un principe général de responsabilité du fait des choses qui, tout au long du XXe siècle, a été le centre de gravité du droit de la responsabilité civile. Pour simplifier la tâche des victimes d'accidents du travail et de la circulation, pour qui l'exigence de la preuve d'une faute, à titre de condition de leur indemnisation, se traduisait le plus souvent par une absence de réparation, la Cour de cassation a en effet purement et simplement inventé une règle de responsabilité sans faute à partir de l'article 1384, alinéa 1er, du Code civil. Apparue pour les besoins de l'indemnisation des victimes d'accidents du travail (Civ. 16 juin 1896), mais rendue caduque par la loi du 9 avril 1898, dont les dispositions régissent cette catégorie de dommages spécifiques, cette responsabilité générale sans faute du fait des choses a été consacrée, quelques décennies plus tard, pour permettre la réparation des préjudices subis par les victimes d'accidents de la circulation (Ch. réun. 13 févr. 1930).

Ce principe général de responsabilité sans faute illustre parfaitement le changement d'orientation fondamental de notre droit de la responsabilité civile : à l'origine, préventif, normatif et sanctionnateur, notre droit de la responsabilité, alors fondé sur la faute, est depuis près d'un siècle résolument tourné vers la réparation des préjudices, qui en constitue désormais l'*alpha* et l'*omega*, et fondé sur la causalité.

Plusieurs décennies plus tard, la Cour de cassation a exploité le même procédé, c'est-à-dire a créé *ex nihilo* une règle d'indemnisation en utilisant l'alibi de l'article 1384, alinéa 1er, du Code civil, pour affirmer l'existence d'une responsabilité sans faute du fait d'autrui à la charge des personnes qui acceptent ou qui ont la charge d'organiser, de diriger et de contrôler, à titre permanent, le mode de vie d'autrui (Ass. plén. 29 mars 1991).

Parallèlement au recul de la faute et au développement, jamais démenti depuis son apparition, de la responsabilité sans faute, le droit contemporain se caractérise par le déclin de la responsabilité individuelle. Se sont développés, tout au long du XXe siècle, des instruments de collectivisation et de socialisation de l'indemnisation, tels l'assurance de responsabilité et les fonds de garantie, qui ont profondément bouleversé la structure et la substance du droit contemporain de la responsabilité. Il est indéniable qu'ils expliquent, pour une très large part, la progression de la responsabilité sans faute dont ils neutralisent la rigueur à l'égard du responsable. Les juges ont, en effet, d'autant moins de scrupules à retenir la responsabilité objective de l'auteur d'un dommage qu'ils savent que celui-ci ne supportera pas personnellement la charge financière de l'indemnisation, laquelle pèsera finalement sur la collectivité des assurés ou sur la solidarité nationale.

Article 1300

« Les quasi-contrats sont des faits purement volontaires dont il résulte un engagement de celui qui en profite sans y avoir droit, et parfois un engagement de leur auteur envers autrui.
Les quasi-contrats régis par le présent sous-titre sont la gestion d'affaires, le paiement de l'indu et l'enrichissement injustifié ».

C'est une notion étrange que l'article 1300 tente (sans réel succès) de définir : il n'y a pas contrat, et c'est donc la loi qui va créer l'obligation ; mais la situation est très proche de celle qui résulterait d'un contrat, d'où l'expression de « quasi-contrat ».

Bien que la liste n'en soit pas « fermée » (et que les tribunaux puissent donc en inventer de nouveaux comme ils l'ont fait récemment pour les promesses fallacieuses de loteries gagnantes), la catégorie comporte en droit positif trois principales applications :

– *la gestion d'affaires*, qui prend le contrat de mandat pour modèle pour l'appliquer lorsqu'une personne a, de son propre mouvement, agi pour rendre service à autrui (et que son initiative était *a priori* bienvenue) ;

– *la restitution de l'indu*, qui prend le contrat de prêt pour modèle de l'obligation de restitution qui pèse sur celui qui a reçu quelque chose (de l'argent ou autre) à tort (le plus souvent à la suite d'une erreur) ;

– *l'enrichissement injustifié* (anciennement dit « sans cause »), création purement jurisprudentielle consacrée et introduite dans le code par la réforme de 2016 procédant d'une pulsion d'équité (aujourd'hui très contenue) pour compenser le déséquilibre injuste auquel peut aboutir l'enchevêtrement de mécanismes juridiques, ou encore leurs lacunes et imperfections.

L'expression imagée de « quasi-contrat » ne doit pas faire illusion : l'obligation issue d'un quasi-contrat est de nature purement légale, et son régime échappe donc à tout ce qui est propre à la matière contractuelle (loi applicable, juge compétent, régime des intérêts, etc.).

Article 1310

« La solidarité est légale ou conventionnelle ; elle ne se présume pas ».

Article 1311

« La solidarité entre créanciers permet à chacun d'eux d'exiger et de recevoir le paiement de toute la créance. Le paiement fait à l'un d'eux, qui en doit compte aux autres, libère le débiteur à l'égard de tous.
Le débiteur peut payer l'un ou l'autre des créanciers solidaires tant qu'il n'est pas poursuivi par l'un d'eux ».

Article 1313

« La solidarité entre les débiteurs oblige chacun d'eux à toute la dette. Le paiement fait par l'un d'eux les libère tous envers le créancier.
Le créancier peut demander le paiement au débiteur solidaire de son choix. Les poursuites exercées contre l'un des débiteurs solidaires n'empêchent pas le créancier d'en exercer de pareilles contre les autres ».

Au sens civiliste du terme, la « solidarité » désigne un mécanisme très particulier, favorable au créancier qui a plusieurs débiteurs pour une même dette (par exemple le bailleur qui a plusieurs colocataires). Alors qu'en principe ces codébiteurs sont « conjoints », chacun n'étant tenu que pour sa part, la solidarité permet au créancier de réclamer le tout à n'importe lequel, qui fera son affaire de son recours contre les autres (et supportera donc le risque de leur insolvabilité).

Le risque qui en découle pour les débiteurs a conduit le code à en faire une exception : il faut qu'elle soit acceptée par une clause expresse, ou encore imposée par la loi (que nul n'est censé ignorer...).

Quant aux clauses de solidarité, elles sont très fréquentes : en fait, à chaque fois que le créancier est en mesure de les imposer (par exemple à des colocataires ou à des co-emprunteurs).

Quant aux textes de loi, ils ne sont pas si nombreux (les principaux concernent les personnes condamnées pénalement pour une même infraction). Il n'y a de solidarité légale ni entre époux (sauf pour les petites dettes quotidiennes, dites « ménagères »), ni entre pacsés, ni entre cohéritiers, etc.

Les cas de solidarité n'en ont pas moins connu deux remarquables extensions :

d'abord, par une « coutume » assimilée à la loi, on la présume dès que les codébiteurs sont commerçants ; ensuite, par une création des tribunaux, les divers responsables d'un même préjudice sont déclarés tenus *in solidum* (néologisme un peu hypocrite destiné à copier la solidarité sans employer le mot), que la réforme attendue de la responsabilité civile devrait transformer en solidarité à part entière.

En corollaire de cette solidarité entre codébiteurs, dite « passive », existe une solidarité beaucoup plus rare entre créanciers, dite « active », permettant à n'importe lequel des cocréanciers de réclamer le tout au débiteur commun. L'illustration la plus courante est celle du compte joint auprès d'une banque.

Article 1321

« La cession de créance est un contrat par lequel le créancier cédant transmet, à titre onéreux ou gratuit, tout ou partie de sa créance contre le débiteur cédé à un tiers appelé le cessionnaire.
Elle peut porter sur une ou plusieurs créances présentes ou futures, déterminées ou déterminables.
Elle s'étend aux accessoires de la créance.
Le consentement du débiteur n'est pas requis, à moins que la créance ait été stipulée cessible ».

Article 1327

« Un débiteur peut, avec l'accord du créancier, céder sa dette ».

Article 1327-1

« Le créancier, s'il a par avance donné son accord à la cession ou n'y est pas intervenu, ne peut se la voir opposer ou s'en prévaloir que du jour où elle lui a été notifiée ou dès qu'il en a pris acte ».

Article 1327-2

« Si le créancier y consent expressément, le débiteur originaire est libéré pour l'avenir. À défaut, et sauf clause contraire, il est tenu solidairement au paiement de la dette ».

Le rapport d'obligation civile constitue une valeur économique et patrimoniale à envisager sous sa double face : d'un côté créance à l'actif du créancier et de l'autre dette au passif du débiteur.

Comme toute valeur, celle-ci peut circuler d'un patrimoine à un autre : le mécanisme de la cession de créance (actif), connu depuis longtemps, a trouvé un corollaire dans l'institution, par l'ordonnance du 10 février 2016, de la « cession de dette », déjà connue du droit allemand.

La cession de créance est un procédé très prisé puisqu'il permet au titulaire d'une créance à terme d'en percevoir immédiatement la valeur de la part du cessionnaire qui va devenir créancier à sa place et attendre le terme pour réclamer son dû au débiteur : c'est une « vente » de créance, ce que le Code civil de 1804 traduisait en la plaçant dans les dispositions propres au contrat de vente (anc. art. 1689 s.). Le mécanisme était toutefois sérieusement alourdi par l'exigence de la formalité de la signification par huissier de la cession au débiteur cédé, handicap pratique si fort qu'il avait conduit le monde bancaire (naturellement principal utilisateur) à obtenir en 1981 la création d'une voie parallèle simplifiée réservée au transfert de créances professionnelles et globalisant le transfert de multiples créances plus ou moins importantes (dite « cession Dailly » du nom de son promoteur).

En supprimant la formalité de la signification pour la remplacer par la simple exigence d'un écrit constatant la cession, la réforme de 2016 a entendu revivifier la cession de créance civile, désormais aussi simple que la « cession Dailly ». Il est cependant possible que l'accoutumance demande un peu de temps.

La cession de dette est une apparition plus surprenante, issue de cette même ordonnance : comment en effet concevoir, à première vue, que l'on puisse trouver « acquéreur » pour ses dettes ?

La surprise est surtout imputable à une terminologie aveuglément soucieuse de symétrie, employant à tort ici aussi le terme « cession » : il s'agit en réalité d'une « reprise de dette », par laquelle un nouveau débiteur accepte de prendre à sa charge la dette d'autrui pour diverses raisons (il peut lui devoir lui-même de l'argent et s'acquitter ainsi ; ou encore lui acheter un bien grevé d'une rente viagère et reprendre à sa charge le service de cette rente).

L'important est ailleurs : c'est du créancier qu'il faut ici se préoccuper pour qu'il ne risque pas de voir un « bon » débiteur remplacé par un repreneur moins solvable. Raison pour laquelle, malgré les dénominations parallèles, le régime de la cession de dette ne peut pas être symétrique de celui de la cession de créance : il faut ici une protection du créancier « cédé » qui n'était pas nécessaire à l'égard du débiteur cédé dans la cession de créance.

Cette protection est assurée par un double cliquet :

– d'une part, il faut que le créancier donne son accord à la cession de dette ;

– d'autre part, même une fois cet accord donné, le débiteur originaire demeure garant de la dette, sauf si le créancier l'en a expressément déchargé.

Article 1343-5

« Le juge peut, compte tenu de la situation du débiteur et en considération des besoins du créancier, reporter ou échelonner dans la limite de deux années, le paiement des sommes dues.

Par décision spéciale et motivée, le juge peut prescrire que les sommes correspondant aux échéances reportées porteront intérêt à un taux réduit au moins égal au taux légal, ou que les paiements s'imputeront d'abord sur le capital.

Il peut subordonner ces mesures à l'accomplissement, par le débiteur, d'actes propres à faciliter ou à garantir le paiement de la dette.

La décision du juge suspend les procédures d'exécution qui auraient été engagées par le créancier. Les majorations d'intérêts ou les pénalités prévues en cas de retard ne sont pas encourues pendant le délai fixé par le juge.

Toute stipulation contraire est réputée non écrite.

Les dispositions du présent article ne s'appliquent pas aux dettes d'aliments ».

Ce texte relatif aux « délais de grâce » que le juge peut accorder à un débiteur malheureux est un « grand article » en ce qu'il témoigne que notre droit civil, pour rigoureux qu'il soit, sait ne pas être inflexible et porte trace d'humanité.

Ce pouvoir d'indulgence donné au juge a même été progressivement accru. Le texte d'origine (alors art. 1244) visait des « délais modérés » que le juge ne pouvait accorder qu' « en usant de ce pouvoir avec une grande réserve ». En 1936 (Front populaire aidant), la référence à la « grande réserve » a disparu et un maximum d'un an a été fixé, porté à deux ans en 1985 (mais non renouvelable, sans quoi ce ne serait plus un maximum).

En 1991, lors de la réforme générale des mesures d'exécution forcée, la nouvelle rédaction a en outre autorisé le juge à prendre des mesures plus fortes pour les remboursements d'emprunts : rééchelonner les échéances, réduire le taux d'intérêt et même imputer les paiements déjà effectués sur le capital et non sur les intérêts, ce qui conduit mécaniquement à diminuer la dette.

Le texte indique bien l'équilibre à suivre : le juge doit tenir compte à la fois de la situation du débiteur (sa bonne foi et ses charges) et des besoins du créancier (qu'il ne faut pas spolier par ricochet).

L'usage pratique que font les tribunaux de cette faculté est plus que modéré (et leur est d'ailleurs assez rarement demandé), surtout depuis que les débiteurs asphyxiés peuvent recourir aux mesures relatives au surendettement.

Article 1353

« Celui qui réclame l'exécution d'une obligation doit la prouver.
Réciproquement, celui qui se prétend libéré doit justifier le payement ou le fait qui a produit l'extinction de son obligation ».

La preuve est la rançon des droits.

Cette formule fameuse de Jehring, célèbre jurisconsulte, exprime à merveille l'importance de la preuve en matière juridique, en général, et en droit des obligations, en particulier. En bref, si une personne est effectivement titulaire d'un droit subjectif, mais qu'elle ne peut pas apporter la preuve de son existence, il en ira concrètement pour elle comme si ce droit n'existait pas. Précisément, l'individu qui réclame l'exécution d'une obligation dont il se prétend créancier, n'en obtiendra le paiement que s'il peut démontrer l'existence de l'acte ou du fait juridiques qui l'a engendrée.

D'où l'importance absolument essentielle de déterminer sur qui pèse la charge de la preuve de l'existence de l'obligation ou, c'est selon, de son paiement libératoire. Est-ce à la personne qui réclame le remboursement d'un prêt d'établir l'existence de ce contrat, ou à celle à laquelle le paiement de l'obligation de restituer est réclamé de démontrer qu'elle n'a pas emprunté la somme exigée ? Est-ce à l'emprunteur qui prétend avoir remboursé sa dette de démontrer qu'il a bien effectué ce paiement, ou au prêteur d'établir qu'il n'a pas été payé ? Décider sur qui pèse la charge de la preuve est, on le comprend aisément, fondamental, car c'est celui sur lequel cette charge pèsera, qui supportera le risque de la preuve. Entendons par là que s'il ne réussit pas à produire les éléments de preuve nécessaires au bien-fondé de sa prétention, alors même qu'en fait il est créancier ou qu'il a bien payé sa dette, il sera juridiquement considéré comme n'ayant pas la qualité juridique de créancier ou comme étant toujours obligé à son paiement.

Le texte commenté n'est pas très édifiant, quant à la détermination de la charge et du risque de la preuve. En creux, on doit, dans un premier temps, induire de sa lettre que la charge de la recherche des preuves pèse sur les parties au litige et pas sur le juge, appelé à le trancher. Juge qui, dans cette première étape du processus, doit rester neutre, en ce sens qu'il doit se prononcer en fonction des seules preuves apportées par les plaideurs, mais qui ne peut pas rester passif dans sa mission de recherche de la vérité, pour l'accomplissement de laquelle il est doté d'un double pouvoir d'instruction et d'injonction.

Dans un second temps, le texte n'est pas extrêmement explicite sur la manière dont la charge de la preuve est attribuée en cas de litige sur l'existence ou le paiement d'une obligation. La question de la charge de l'administration de la preuve du droit subjectif litigieux a été progressivement précisée par la Cour de cassation. Des décisions rendues sur ce point, on peut, d'une part, considérer que la charge de la preuve, et le risque qui lui est inhérent, reposent sur celle des parties au procès qui cherche à détruire une apparence, qui tente d'établir une situation contraire à celle qui, en principe, est considérée comme normale. Celui qui, par exemple, réclame l'exécution d'une obligation de restituer, doit donc apporter la preuve de l'existence du prêt qui a créé une telle obligation, car apparemment, ordinairement, les personnes ne sont pas tenues entre elles par les liens d'un tel contrat. D'autre part, la charge de la preuve et le risque corrélatif pèsent sur celui des plaideurs qui émet une prétention nouvelle et distincte de celle émise par son contradicteur. Si alors le prêteur prétend que le remboursement ne portait que sur le capital de la somme prêtée, il lui incombe de démontrer que le contrat conclu était un prêt à intérêts.

Pour simplifier la tâche probatoire de celui qui prétend être titulaire d'un droit, la loi énonce parfois des présomptions, qui consistent à supposer qu'une chose est vraie parce qu'une autre est établie, en raison du lien logique qui unit l'une à l'autre. Les présomptions légales emportent, c'est selon, un allégement, une inversion ou une dispense de preuve pour celui qui en bénéficie.

Article 1359

« L'acte juridique portant sur une somme ou une valeur excédant un montant fixé par décret doit être prouvé par acte écrit sous signature privée ou authentique.
Il ne peut être prouvé outre ou contre un écrit établissant un acte juridique, même si la somme ou la valeur n'excède pas ce montant, que par un autre écrit sous signature privé ou authentique (...) »

Texte essentiel du droit de la preuve, l'article 1359, qui se substitue à l'ancien article 1341, énonce les règles relatives à l'admissibilité des modes de preuve des actes juridiques. Elles reposent sur le système de la preuve légale, dans lequel c'est la loi qui détermine les modes de preuve que peut produire en justice le plaideur sur lequel pèse la charge de la preuve, qui crée une hiérarchie entre les procédés de preuve et qui prévoit impérativement leur force probante. En matière d'actes juridiques, l'article 1359 édicte deux principes qui irriguent la matière : l'exigence d'une preuve écrite, en premier lieu, la primauté de la preuve écrite en second lieu.

L'exigence d'une preuve écrite pour apporter la preuve d'un acte juridique, (qu'il s'agisse d'un contrat, d'une convention, d'un acte unilatéral ou d'un acte collectif), signifie précisément que la preuve d'un tel acte suppose que soit produite une preuve écrite préconstituée. En clair, celui qui se prétend titulaire d'un droit subjectif, et qui cherche à établir l'existence de l'acte juridique qui en constitue la source, ne peut pas administrer la preuve de celui-ci en produisant n'importe quel type d'écrit, pas plus évidemment que par témoignage ou présomption. Seul un acte instrumentaire préconstitué lui permettra d'administrer la preuve de l'acte juridique litigieux. Dans cette perspective, les preuves écrites admissibles, au sens de l'article 1359, sont, ainsi que le texte le précise, l'acte authentique et l'acte sous seing privé, de même que, depuis une loi du 28 mars 2011, l'acte sous seing privé contresigné par un avocat, étant entendu que, désormais, peu importe le support, papier ou électronique, de tels actes instrumentaires. Fiabilité de l'écrit par rapport aux autres modes de preuve, prévention des litiges entre les parties à l'acte et protection de la liberté de celui qui conclut un tel acte, telles sont les raisons sur lesquelles repose la règle exposée. Il importe, par ailleurs de rappeler que ces preuves écrites préconstituées ne sont aucunement des conditions de validité des actes juridiques, elles commandent simplement, mais c'est en réalité essentiel, leur efficacité ; si ces actes juridiques ne peuvent pas être prouvés par une preuve écrite préconstituée, ils ne produiront aucun effet en dépit de leur existence et de leur validité.

Cette première règle ne constitue pas cependant une loi d'airain. Il est en premier lieu des cas dans lesquels d'autres modes de preuve suppléent l'acte authentique ou sous-seing privé, exigé par l'article 1359. Il en va ainsi de l'aveu judiciaire, du serment décisoire et du commencement de preuve par écrit quand il est corroboré par un autre moyen de preuve (art. 1361). En second lieu, la loi prévoit explicitement ou implicitement des exceptions à l'exigence d'un acte instrumentaire écrit pour apporter la preuve d'un acte juridique. Ainsi, d'une part, la preuve d'un acte juridique est libre et peut donc être apportée par tous moyens, notamment par témoignages et présomptions, lorsque l'exigence d'une preuve écrite préconstituée serait excessive. On songe par exemple aux « petits contrats », dont l'objet porte sur une somme ou une valeur inférieure à celle fixée par décret (1 500 euros actuellement). Il en va de même, d'autre part, lorsque la preuve écrite préconstituée est écartée par la loi ou le contrat, qui lui substituent d'autres modes de preuve. Ainsi, la preuve est libre non seulement quand la convention des parties l'a prévue *via* des contrats portant sur la preuve (art. 1356), mais encore, comme en dispose le Code civil, de copie fiable (art. 1379).

La seconde règle qu'énonce l'article 1359 est celle de la primauté de la preuve écrite préconstituée. Règle en vertu de laquelle il est interdit de prouver par témoignages ou présomptions contre les inexactitudes ou outre les lacunes des actes instrumentaires que la loi a sélectionnés. On précisera que cette règle, qui conduit à hiérarchiser les modes de preuve, s'applique sans que n'intervienne aucune limitation de valeur.

Pour conclure, on précisera que la preuve d'un fait juridique, autre source d'obligations, est libre ; elle peut être apportée par tous moyens (art. 1358).

Article 1387

« La loi ne régit l'association conjugale, quant aux biens, qu'à défaut de conventions spéciales, que les époux peuvent faire comme ils le jugent à propos, pourvu qu'elles ne soient pas contraires aux bonnes mœurs ni aux dispositions qui suivent ».

Ouvrant le titre du Code civil consacré au contrat de mariage et aux régimes matrimoniaux, ce texte pose le principe de la liberté matrimoniale : il est loisible aux époux de fixer comme ils l'entendent leur régime matrimonial, à la double condition toutefois :

– de le faire par un contrat notarié (à la fois en raison de la complexité des mécanismes à mettre en place, exigeant conseil d'un technicien, et de la durée d'application de ce contrat sur plusieurs dizaines d'années, exigeant une conservation sans faille) ;

– de le faire avant le mariage, le régime choisi (qui a des répercussions sur les droits des tiers créanciers) ne pouvant être ensuite modifié « en cours de route » que par une procédure soumise à contrôle judiciaire.

La passation d'un tel contrat n'étant pas obligatoire, la loi soumet tous ceux qui n'en concluent pas (plus de 80 %) à un régime matrimonial dit « légal » (qui s'oppose ici non à « illégal » mais à « contractuel »). Ce régime est celui de la communauté d'acquêts : les biens acquis pendant le mariage (les « acquêts ») forment la communauté, tandis que le patrimoine « propre » de chaque époux est composé de ce qu'il avait avant le mariage et de ce qu'il vient à recevoir durant le mariage à titre gratuit, par succession ou donation (cf. *infra*, art. 1401 et 1409).

Pour ceux qui veulent adopter un autre régime matrimonial, la loi propose des modèles :

– séparation de biens : chaque patrimoine reste autonome, comme s'il n'y avait pas mariage;

– participation aux acquêts : pendant le mariage, tout se passe comme en séparation de biens; mais à la dissolution, on confronte les enrichissements respectifs (hors successions et donations) pour les égaliser par une « créance de participation » versée par le plus favorisé à l'autre (ou à ses héritiers);

– communautés élargies à d'autres biens que les acquêts, et même à la totalité des patrimoines (communauté dite « universelle »).

Mais la liberté matrimoniale permet de s'écarter de ces modèles dans le contrat de mariage, soit quant à la gestion (qui peut être confiée à un époux pour l'ensemble), soit quant au partage final (qui peut être prévu inégal et même attribuer toute la communauté au survivant).

Article 1401

« La communauté se compose activement des acquêts faits par les époux ensemble ou séparément durant le mariage, et provenant tant de leur industrie personnelle que des économies faites sur les fruits et revenus de leurs biens propres ».

Article 1409

« La communauté se compose passivement :
– à titre définitif, des aliments dus par les époux et des dettes contractées par eux pour l'entretien du mariage et l'éducation des enfants, conformément à l'article 220;
– à titre définitif ou sauf récompense, selon les cas, des autres dettes nées pendant la communauté ».

Régime matrimonial applicable à l'immense majorité des couples mariés, la « communauté légale » (cf. *supra*, art. 1387) a pour effet d'instituer, à côté du patrimoine propre de chaque époux, un troisième patrimoine. Ce patrimoine n'est pas pourvu d'une personnalité juridique et ne vit qu'au travers de celle des époux : on ne peut ouvrir un compte bancaire, conclure un contrat ou faire un procès au nom de la communauté. Et pourtant, ce patrimoine a son autonomie, quant à sa composition et, par voie de conséquence, quant à son administration.

L'objet des articles 1401 et 1409 est de définir cette composition, tant active que passive.

À l'actif se trouvent les « acquêts », c'est-à-dire les biens acquis pendant le mariage par n'importe lequel des époux (hors par succession ou donation) : peu importe donc que l'acquisition ait été faite au nom d'un seul, sans l'autre ou même à son insu, le bien n'en tombe pas moins en communauté. Seules exceptions : les biens ultra-personnels, comme vêtements, droits exclusivement attachés à la personne (indemnités et pensions consécutives à un accident corporel, droits intellectuels, mais non leurs produits matériels) et bien professionnels (sous réserve d'une récompense à la communauté pour leur valeur).

Les gains personnels de toute nature de l'un ou de l'autre appartiennent donc à la communauté.

L'administration de ces biens n'exige pas une action commune qui serait paralysante : chacun a le pouvoir d'effectuer seul les actes de gestion. Mais pour les actes d'aliénation, il faut l'intervention des deux époux.

Au passif on trouve en principe toutes les dettes contractées pendant le mariage, même par un époux seul, ce qui permet aux créanciers de poursuivre tous les biens communs (l'époux qui avait seul intérêt à la dette, par exemple pour améliorer ses biens propres, devant seulement une « récompense » à la masse commune lors du partage final).

Toutefois, la gravité des emprunts et des cautionnements exige qu'ils soient souscrits par les deux : à défaut, la communauté n'est pas engagée.

Assurément équitables en elles-mêmes, ces règles sont toutefois d'un fonctionnement assez complexe :

– pendant le mariage, elles emportent que, pour tout acte juridique ayant tant soit peu d'importance, il faut s'enquérir du statut de son cocontractant : est-il marié ou non et, si oui, sous quel régime ?

– à la dissolution de la communauté, le partage doit intégrer le jeu des « récompenses », au calcul difficile.

Article 1583

« [La vente] est parfaite entre les parties, et la propriété est acquise de droit à l'acheteur, dès qu'on est convenu de la chose et du prix, quoique la chose n'ait pas encore été livrée, ni le prix payé ».

C'est l'une des règles les plus originales du droit français de la vente qui est énoncée par ce texte : celle dite juridiquement du transfert de propriété *solo consensu* (par le seul effet de l'accord convenu), avant même tout acte d'exécution.

Sociologiquement, la règle est peu naturelle : on ne se sent vraiment propriétaire de la chose acquise que lorsqu'on en reçoit livraison, et définitivement propriétaire qu'une fois le prix payé. Et beaucoup de droits étrangers consacrent ce sentiment en liant le transfert de propriété à la remise matérielle.

Mais le culte du droit français pour la force de l'accord de volontés est tel qu'il rend l'acheteur propriétaire dès cet accord, ce qui a pour lui quelques avantages (il est aussitôt à l'abri — parfois théorique — de tout droit concurrent, d'un autre acquéreur ou de créanciers du vendeur), mais aussi des inconvénients (il supporte aussitôt les risques de la chose, et devra donc la payer même si elle périt par accident avant de lui être remise).

En pratique, cette règle qui n'est que supplétive est souvent écartée par des clauses contraires : en particulier pour les ventes immobilières, il est souvent prévu que le transfert de propriété ne se fera qu'au moment de la régularisation par acte notarié. Et dans les ventes commerciales, si le paiement n'est pas comptant, une « clause de réserve de propriété » retarde souvent le transfert jusqu'au paiement intégral du prix, même après livraison.

Article 1591

« Le prix de la vente doit être déterminé et désigné par les parties ».

Matrice du droit français des contrats, parce que la théorie générale du contrat a été élaborée en contemplation des dispositions qui la régissent, définie comme un accord de volontés portant sur une chose et sur un prix, et emportant instantanément le transfert de propriété de la chose vendue, la vente comporte, dans le Code civil, un grand nombre d'articles qui lui sont consacrés. Celui relatif à la détermination de son prix constitue, en raison de son rôle déterminant dans son régime et des évolutions fondamentales qu'il a subies, un texte fondamental.

Pris au pied de sa lettre, l'article 1591 signifie que la validité de la vente impose que le prix soit déterminé dès sa conclusion par les contractants, faute de quoi, elle est nulle. Cette interprétation a été opportunément assouplie, au fil des siècles, par la Cour de cassation. Celle-ci a, en effet, admis que, pour que la règle édictée par l'article 1591 soit satisfaite, il n'est pas nécessaire que le montant du prix soit fixé, définitivement, dès le jour de la conclusion de la vente. Il suffit, pour que la vente soit valablement formée, que le prix de vente soit déterminable au jour de la rencontre des volontés. La vente est donc valable si le prix peut être fixé, postérieurement à sa conclusion, en vertu de clauses contractuelles stipulées en son sein. Encore faut-il alors que le prix soit déterminable, par le jeu des clauses en question, en fonction d'éléments indépendants de la volonté unilatérale d'un contractant et que sa fixation ne suppose pas non plus la conclusion d'accords ultérieurs. En somme, les clauses de prix qui accordent à un contractant le pouvoir unilatéral de fixer le prix sont nulles. L'idée qui sous-tend cette règle est simple : le contrat est le fruit d'un accord de volontés ; dès lors, puisque le bilatéralisme est consubstantiel au contrat, il est inadmissible que le prix, qui constitue le cœur du contrat, puisse être le produit d'une volonté unilatérale. En décider autrement reviendrait à consacrer une inégalité contractuelle, que ces clauses de pouvoir unilatéral trahissent, et à favoriser le risque d'une injustice contractuelle, sous la forme d'un prix abusif.

Pendant près de deux siècles, sauf exception légale, la règle forgée par la Cour de cassation pour le contrat de vente a été transposée en droit commun des contrats et s'appliquait donc, sous forme de principe, aux contrats dont le régime spécifique ne prévoyait pas une règle contraire. Mais l'apparition de nouvelles figures contractuelles a conduit la Cour de cassation à modifier très sensiblement la règle du jeu en matière de détermination du prix contractuel. C'est essentiellement à propos des contrats cadres, dans lesquels sont exposés les principes qui vont gouverner les rapports contractuels entre un fournisseur et un distributeur, et qui prévoient la conclusion de contrats d'application, que la question de la détermination du prix s'est posée avec une acuité certaine. Parce que ces contrats-cadre s'inscrivent dans la durée, ils sont rétifs aux règles relatives au prix que la Cour de cassation avait édictées en s'inspirant de l'article 1591. D'où la présence fréquente en leur sein de clauses de tarifs-fournisseur, qui conduisaient à fixer le prix de chaque contrat d'application, notamment des ventes d'exécution du contrat-cadre, au tarif du vendeur au jour de leur propre conclusion. Dans un premier temps, ces clauses ont été impitoyablement annulées par la Cour de cassation, ce qui emportait l'anéantissement rétroactif du contrat cadre dans lequel elles étaient stipulées. Mais sous la pression conjuguée de la pratique et de la doctrine, la Cour de cassation, en 1995, a rendu une série d'arrêts qui ont emporté un spectaculaire revirement de jurisprudence. Aux termes de ces décisions, « lorsqu'une convention prévoit la conclusion de contrats ultérieurs, l'indétermination du prix de ces contrats dans la convention initiale n'affecte pas, sauf dispositions légales particulières, la validité de celle-ci, l'abus dans la fixation du prix ne donnant lieu qu'à résiliation ou indemnisation ». Par conséquent, la règle énoncée par l'article 1591 avait perdu son statut de principe et était reléguée à celui d'exception. D'autre part, désormais, excepté en matière de vente isolée notamment, l'existence d'un pouvoir unilatéral dans la fixation du prix contractuel n'affecte plus la validité d'un contrat ; seul son exercice peut conduire le juge à sanctionner l'auteur du prix unilatéral et abusif, et résilier le contrat-cadre. Cette jurisprudence audacieuse a été sensiblement amendée par la réforme. Le principe est redevenu la fixation bilatérale du prix et ne comporte plus désormais que deux exceptions. En particulier, l'article 1164, alinéa 1er, dispose que la fixation unilatérale du prix n'est licite que dans les contrats cadre, et encore à charge pour le contractant, qui détient ce pouvoir, de motiver le montant du prix qu'il a fixé en cas de contestation et à condition de ne pas abuser de son pouvoir unilatéral.

Le prix peut aussi être, aux termes de l'article 1165, fixé unilatéralement par le créancier dans un contrat de prestation de services, quand il n'a pas été déterminé au jour de la conclusion du contrat.

Article 1625

« La garantie que le vendeur doit à l'acquéreur a deux objets : le premier est la possession paisible de la chose vendue; le second, les défauts cachés de cette chose ou les vices rédhibitoires ».

La notion de garantie dans la vente répond à l'idée simple que le prix perçu par le vendeur en échange de la chose perd toute raison d'être si l'acquéreur ne peut en tirer les usages attendus, en raison d'obstacles qui peuvent être de droit ou de fait.

Aux obstacles de droit correspond la garantie dite « d'éviction », ce qui vise le cas où le vendeur ne disposait pas véritablement des droits qu'il a cédés (la chose ne lui appartenait pas en réalité, ou était grevée de droits ou servitudes au profit d'un tiers qui « évincera » en conséquence l'acheteur).

Aux obstacles de fait correspond la garantie « des vices cachés », cas où la chose est atteinte de défauts altérant ou empêchant son usage selon sa destination normale.

Dans ces deux séries d'hypothèses, l'acheteur déçu est en droit de se faire restituer le prix (ou une partie s'il choisit de garder la chose avec un usage diminué).

Mais peut-il réclamer en outre des dommages-intérêts pour le préjudice que cette restitution ne réparera pas (parce qu'il ne pourra « se remplacer » au même prix par exemple, ou parce qu'il n'a pu tirer les profits attendus, etc.) ?

Pas automatiquement car, si le vendeur est de bonne foi, il est tout aussi victime que lui et ne peut que restituer ce qu'il a perçu « sans cause ». Mais si le vendeur connaissait la cause d'éviction ou l'existence du vice (ce que l'on présume pour les professionnels), sa responsabilité s'ajoute à la garantie et justifie des dommages-intérêts.

Article 1780, alinéas 1er et 2

« On ne peut engager ses services qu'à temps, ou pour une entreprise déterminée.
Le louage de services, fait sans détermination de durée, peut toujours cesser par la volonté des parties contractantes ».

De ce texte, écrit en 1804 pour le contrat de travail dans l'idée de consolider le rejet révolutionnaire du service féodal à vie, s'est dégagé par extrapolation un des principes les plus fondamentaux de notre droit des contrats : la prohibition des engagements perpétuels. Parce que ce serait porter atteinte à la liberté que de l'aliéner pour toujours, chaque partie doit pouvoir « sortir » d'un contrat (quelle que soit la nature de ce contrat).

Lorsque le contrat ne fixe pas lui-même son terme, il est donc susceptible à tout moment d'être résilié par la volonté d'un seul, sous réserve d'un préavis de bon aloi mais sans avoir de justification à fournir (parfois, en matière commerciale ou sociale, une indemnité peut être due à la partie la plus faible, comme le salarié).

Cette faculté est d'ordre public et toute clause contraire serait nulle. Et parce que la prohibition serait trop facile à tourner s'il suffisait de stipuler un terme trop lointain, on qualifie de contrats perpétuels ceux dont la durée est déraisonnable (seuil qui varie selon les matières : dix ans est excessif pour un contrat de travail, non pour un bail ; pour les contrats organisant la vie professionnelle, c'est la durée de cette vie qui est regardée comme excessive).

Cela n'interdit pas qu'un contrat à durée déterminée puisse être renouvelé, et même plusieurs fois sans limite maximale, mais il y faut un nouveau consentement à chaque fois, qui peut même être tacite : ce n'est pas la pérennité d'une relation contractuelle qui est prohibée, mais seulement l'absence de porte de sortie. En un mot, oui à la stabilité contractuelle, mais non à l'aliénation.

Article 1792

« Tout constructeur d'un ouvrage est responsable de plein droit, envers le maître ou l'acquéreur de l'ouvrage, des dommages, même résultant d'un vice du sol, qui compromettent la solidité de l'ouvrage ou qui, l'affectant dans l'un de ses éléments constitutifs ou l'un de ses éléments d'équipement, le rendent impropre à sa destination.

Une telle responsabilité n'a point lieu si le constructeur prouve que les dommages proviennent d'une cause étrangère ».

Ce texte est la matrice de la responsabilité des constructeurs d'ouvrages immobiliers.

Dès l'origine, le Code civil entendait accorder une certaine protection aux clients des entrepreneurs de bâtiments, par un régime où l'on peut voir les lointaines prémisses du droit de la consommation. Cette protection a été accrue au fil des réformes successives (et du développement des assurances permettant au constructeur de s'assurer, et lui en faisant même aujourd'hui obligation).

Ce qui caractérise le régime de cette responsabilité, étendue à tous les intervenants des opérations de promotion immobilière (vendeurs d'immeubles à construire, entrepreneurs et architectes, sous-traitants, etc.), c'est une certaine rigidité, que l'on peut dire à deux faces :

– d'un côté la responsabilité est « de plein droit », c'est-à-dire automatique et sans qu'il y ait faute à prouver, dès l'instant que l'ouvrage est « impropre à sa destination » (ce qui inclut infiltrations, défauts de chauffage, d'isolation phonique, etc.) et ce, quand bien même cela serait dû à un vice du terrain (que les professionnels devaient expertiser) ;

– mais de l'autre côté, cette garantie est limitée dans le temps à dix ans ; et l'on qualifie ce délai d'un « délai d'épreuve » (comme s'il était « normal » que les défauts apparaissent ensuite : d'où des conceptions parfois soupçonnées d'avoir pour seul but de passer ce cap...).

Article 1895

« L'obligation qui résulte d'un prêt en argent n'est toujours que de la somme énoncée au contrat.
S'il y a eu augmentation ou diminution d'espèces avant l'époque du payement, le débiteur doit rendre la somme prêtée, et ne doit rendre que cette somme dans les espèces ayant cours au moment du payement ».

Écrit à propos du prêt d'argent, ce texte fournit en réalité le support d'un principe monétaire de portée beaucoup plus générale : le principe du « nominalisme monétaire ».

Ce principe signifie que, malgré le temps écoulé, l'unité monétaire reste intangible : « un franc égale un franc », « un euro égale un euro », quelle que puisse être l'évolution de son pouvoir d'achat réel.

Techniquement indispensable au crédit d'une monnaie (sans quoi celle-ci ne peut plus jouer son rôle d'étalon dans les échanges économiques), ce principe n'en produit pas moins des effets dévastateurs en équité dans les contrats de longue durée en période de dépréciation monétaire : le remboursement du prêt se fait en « monnaie de singe », le loyer qui était équilibré devient dérisoire, etc.

Sauf à se limiter à des contrats de très courte durée, il fallait donc inventer des mécanismes de rééquilibrage permanent. Tel est l'objet, pour le principal d'entre eux, des « clauses d'indexation » qui permettent d'« accrocher » de montant monétaire à l'évolution du cours d'une denrée ou d'une valeur. Des « indices » régulièrement publiés selon les secteurs reflètent cette évolution (par exemple l'indice du coût de la construction pour les contrats de travaux ou les baux immobiliers, l'indice de référence des loyers pour les baux d'habitation).

Les parties peuvent choisir d'autres références, mais il faut que la valeur ait un rapport avec l'objet du contrat ou l'activité d'une des parties (on ne peut par exemple indexer un loyer sur le cours de l'or). Et surtout, il est interdit de s'indexer sur l'indice général des prix (sauf pour les pensions alimentaires) car ce serait retirer son rôle même à la monnaie officielle.

Article 1965

« La loi n'accorde aucune action pour une dette de jeu ou pour le payement d'un pari ».

Rejeter les jeux d'argent dans le « non droit », telle était la conception des codificateurs : sans les interdire, le Code se contentait de refuser d'y attacher toute action juridique, pour obtenir un gain (on ne concevrait pas, déclarait Portalis dans le style d'époque, que la justice vienne « consommer avec son glaive le sacrifice commencé par la cupidité »). D'où le dicton « dette de jeu, dette d'honneur » : on s'en remet à la parole du perdant.

On sait que depuis lors, l'État a tourné casaque, prélevant sa dîme sur les jeux privés dont il a accompagné avec bienveillance le développement lucratif (pari mutuel, casinos et spéculation financière au moyen des marchés à terme), puis ouvrant lui-même tripot via la « Française des jeux ». Naturellement, les obligations nées de ces jeux « officiels » ont rejoint le droit commun des dettes juridiquement obligatoires, de sorte que seuls les jeux entre amis ou de cercles restent soumis au régime originaire.

Il demeure toutefois une limite, même pour ces jeux officiels : contrairement à la dette de jeu elle-même, le prêt pour jouer est tenu pour illicite, de sorte que celui qui a alimenté un joueur par des avances ne disposera pas d'action juridique en remboursement (une ordonnance de Louis XIII faisait déjà défense « à toute personne de prêter argent pour jouer à peine de la perte de leur dette »). L'idée est simple et morale : libre à quiconque de risquer ce qu'il possède, mais non de s'endetter aveuglément dans le feu de l'action.

Article 2004

« Le mandant peut révoquer sa procuration quand bon lui semble [...] ».

Ce texte exprime de la façon la plus pure le principe que tout mandat est révocable *ad nutum* (littéralement : d'un simple signe de tête, à la manière de *l'imperator* dans l'arène).

La force des termes a imprimé à cette faculté de révocation un caractère d'ordre public : elle demeure même si l'on a stipulé le mandat « irrévocable » pendant une certaine durée. Pareille clause, fréquente en pratique (notamment dans les mandats commerciaux ou immobiliers) serait-elle donc sans effet ? Pas tout à fait, car, dans le mécanisme du mandat, il faut distinguer deux facettes juridiques, l'aspect procuration et l'aspect contrat.

En tant que *procuration*, le mandat confère au mandataire le pouvoir de représenter le mandant et donc de l'engager juridiquement envers des tiers. C'est cette délégation de pouvoir qui peut être révoquée à tout moment car elle touche à la liberté individuelle : celui qui a perdu confiance en son mandataire doit pouvoir cesser immédiatement d'être représenté par lui, quelle que soit la convention initiale.

Mais en tant que *contrat* faisant naître des obligations bilatérales entre le mandant et le mandataire, souvent rémunéré pour son activité, le mandat rejoint le droit commun et sa résiliation prématurée pourra ouvrir droit à une indemnisation.

Ce régime dualiste concerne également les mandats sociaux, c'est-à-dire ceux des organes désignés pour représenter une société dans sa vie juridique.

Article 2044

« La transaction est un contrat par lequel les parties terminent une contestation née, ou préviennent une contestation à naître.
Ce contrat doit être rédigé par écrit ».

Au-delà de son sens « commercial », désignant de façon générique toutes les conventions d'un opérateur professionnel, le mot « transaction » recouvre en droit un objet beaucoup plus précis : c'est l'accord par lequel on met fin à un contentieux par des concessions réciproques.

Si l'on dit — souvent à juste titre — qu'une mauvaise transaction vaut mieux qu'un bon procès, c'est que tous deux parviennent au même résultat, à savoir la solution d'un litige. À tel point que le contrat de transaction se voit expressément attribuer « l'autorité de la chose jugée » (art. 2052), par pur mimétisme (car il n'y a justement rien de « jugé »).

L'encombrement des tribunaux, le coût de la justice (pour les plaideurs, mais aussi pour l'État), et l'aléa des procès conduisent à encourager ces accommodements à l'amiable.

Mais ils peuvent aussi recéler un danger de spoliation pour la partie la plus faible qui n'a les moyens ni de prendre un conseil éclairé sur les chances de sa cause, ni de soutenir les frais d'une procédure et que la nécessité peut pousser à accepter un versement lésionnaire mais immédiat.

C'est pourquoi la transaction est réglementée minutieusement dans certaines matières, pour protéger notamment les salariés contre leurs employeurs ou les victimes d'accident contre les assureurs. Et au-delà de ces cas particuliers, la jurisprudence se montre d'une façon générale de plus en plus attentive à l'exigence de concessions réciproques : il faut qu'elles existent réellement. Mais dès que tel est le cas, il n'y a pas à contrôler leur balance : on ne saura jamais ce qu'aurait donné un procès et, par-là, la transaction s'apparente aux contrats aléatoires (cf. *supra*, art. 1104).

Article 2219

« La prescription extinctive est un mode d'extinction d'un droit résultant de l'inaction de son titulaire pendant un certain laps de temps ».

C'est une mesure d'assainissement social que de ne pas laisser perdurer éternellement des droits non exercés, suspendus comme autant d'épées de Damoclès au-dessus de leurs débiteurs : il faut bien qu'un jour le titulaire des droits opte pour leur exercice ou pour leur extinction. À ce souci de ne pas exposer indéfiniment les débiteurs à des réclamations (contre lesquelles ils ont pu ne pas conserver les preuves anciennes de leurs moyens de défense), et aussi de ne pas encombrer les tribunaux de vieilles querelles, correspond le mécanisme de la prescription extinctive. Il s'applique à tous les droits, hormis le droit de propriété, réputé perpétuel et que l'on conserve donc même sans posséder le bien (mais en étant tout de même exposé à ce qu'un tiers entré en possession l'acquière par usucapion, dite prescription acquisitive).

Pour s'autoriser de la nécessité sociale, ce mécanisme d'extinction n'en est pas moins parfois choquant dans ses résultats individuels, puisqu'il consacre la libération d'un débiteur du fait même qu'il n'a pas exécuté ses obligations. C'est sans doute ce tiraillement entre efficacité et justice qui explique que le droit de la prescription, qui pourrait à première vue se résoudre à une simple mécanique, se révèle en pratique l'un des plus complexes qui soient, du fait de multiples nuances et tempéraments.

Le délai de prescription n'est d'abord pas le même pour tous les droits. De trente ans lors du Code civil (avec déjà quelques exceptions plus courtes), il a subi au cours du XXe siècle de nombreuses réductions particulières avant d'être fixé en principe à cinq ans par une importante réforme de 2008. Mais ce n'est là qu'un principe : il est des délais plus longs (par exemple en matière de mariage ou de filiation ou pour les dommages corporels) et il en est de plus courts (par exemple en matière d'assurance, de transports, de sociétés commerciales, etc.).

Mais surtout connaître la durée du délai n'est rien : il faut encore fixer son point de départ (en principe le moment où le droit peut concrètement être exercé), prendre en compte ses éventuelles suspensions (par l'incapacité du titulaire, une mesure d'expertise, une procédure de conciliation ou encore par un lien conjugal entre les parties), déterminer comment il peut être interrompu (par assignation ou reconnaissance, mais rarement par une simple mise en demeure), combien de temps dure cette interruption (souvent la durée du procès) et ce qui se passe ensuite (en principe, un nouveau délai identique au premier recommence à zéro).

Au-delà même des incertitudes créées par toutes ces règles, l'institution même conserve une sorte de mauvaise conscience : l'expiration du délai interdit certes de poursuivre en justice l'exécution du droit ; mais le débiteur reste tenu d'une « obligation naturelle », de sorte que s'il paie spontanément, ce paiement sera juridiquement valable.

Article 2255

« La possession est la détention ou la jouissance d'une chose ou d'un droit que nous tenons ou que nous exerçons par nous-mêmes, ou par un autre qui la tient ou qui l'exerce en notre nom ».

La possession, entendue comme un pouvoir de fait exercé sur un bien, illustre l'idée plus générale selon laquelle le droit appréhende certaines situations de fait pour leur faire produire des effets juridiques. Académiquement, il est simple d'identifier la notion de possession. Il suffit de l'opposer à la propriété, pouvoir de droit et non de fait exercé sur un bien, et à la détention, en vertu de laquelle celui qui exerce une maîtrise physique sur un bien n'en est jamais le propriétaire, alors que le possesseur peut l'être, et qu'il le détient en vertu d'un titre juridique qui l'oblige à le restituer entre les mains de celui qui le lui a remis, à l'expiration d'un certain délai.

La lettre du texte indique, d'une part, que l'objet de ce pouvoir de fait exercé exclusivement sur un bien peut être non seulement une chose susceptible d'appropriation (un bien corporel), mais aussi un droit, en clair un droit réel sur un bien qui est la propriété d'autrui : la possession peut donc porter sur un usufruit ou une servitude on parle alors de quasi-possession. D'autre part, plusieurs modalités de la possession sont envisagées dans le texte : la possession pour soi-même et la possession pour autrui. Cette seconde modalité permet au cocontractant d'un détenteur précaire (bailleur, déposant) de bénéficier des effets de la possession du bien détenu.

Le texte suggère aussi un des éléments constitutifs de la possession, le *corpus*, qui consiste pour le possesseur à se comporter comme le ferait le propriétaire ou le titulaire du droit réel possédé, ce qui se traduit concrètement par l'accomplissement d'actes matériels d'usage et d'exploitation du bien possédé. En revanche, l'article 2255 reste muet sur un élément essentiel de la notion de possession qui réside, l'*animus*, dans l'intention du possesseur de s'affirmer en tant que propriétaire ou que titulaire d'un droit réel. En somme, le possesseur se comporte et se considère comme le titulaire du pouvoir de droit sur le bien. Ce qui ne signifie pas nécessairement qu'il a la conviction d'être propriétaire ou titulaire du droit réel dont il imite les agissements et le comportement;

le possesseur peut se comporter et se considérer comme étant le propriétaire d'un bien en toute mauvaise foi, c'est-à-dire en pleine conscience de l'absence de tout pouvoir, exclusif ou concurrent, de droit sur le bien possédé.

La possession, imitation de la propriété, est envisagée avec faveur par le droit qui lui fait produire des effets qui sont autant de protections accordées au possesseur. Dans un premier mouvement, on peut s'étonner que le droit accorde ses faveurs à celui qui exerce un simple pouvoir de fait, au mépris parfois des droits du propriétaire puisque le voleur peut être possesseur... Mais les privilèges du possesseur sont aisément justifiables. En premier lieu, parce que même si les notions de possession et de propriété sont radicalement distinctes, il existe fréquemment, dans les faits, une identité entre les qualités de possesseur et de propriété. Tant et si bien que la protection de la possession conduit le plus souvent à assurer la protection du propriétaire lui-même, par exemple en faisant bénéficier tout possesseur d'une présomption de propriété qui lui permet de ne pas supporter la charge de la preuve de son droit. En second lieu, même lorsque le possesseur n'est pas propriétaire, ou n'est pas le titulaire du droit réel possédé, les bienfaits accordés à la possession sont parfaitement légitimes. Pour une raison tenant à la paix publique et à la préservation de l'ordre social, d'une part : le possesseur, dont la possession n'est pas viciée, doit être protégé contre les agissements des tiers qui apporteraient des troubles à sa possession, fussent-ils les véritables propriétaires du bien possédé : nul ne peut se faire justice à soi-même ! D'autre part, les faveurs accordées à la possession en tant que telle, c'est-à-dire alors même qu'elle ne constitue pas le reflet de la propriété, s'expliquent dans la mesure où elles permettent alors de privilégier l'exploitation économique du bien par le possesseur sur la simple titularité abstraite et passive du droit sur le bien possédé ; en somme, c'est la protection du bien lui-même qui est alors assurée, à travers la protection du possesseur.

Article 2258

« La prescription acquisitive est un moyen d'acquérir un bien ou un droit par l'effet de la possession sans que celui qui l'allègue soit obligé d'en rapporter un titre ou qu'on puisse lui opposer l'exception déduite de la mauvaise foi ».

Ce texte — dont le style pataud montre qu'il ne remonte pas à 1804 — est issu de la réforme de la prescription en 2008, qui a voulu bien séparer la prescription extinctive (cf. *supra*, art. 2219) et la prescription acquisitive.

Le Code civil initial avait une vision unitaire de la prescription, tant dans son volet extinctif que dans son volet acquisitif, vision exprimée avec la sobre limpidité d'alors par la définition que fournissait de la prescription l'ancien article 2219 : « La prescription est un moyen d'acquérir ou de se libérer par un certain laps de temps ».

Mais la nature des choses est la plus forte : même par l'effet du temps, un droit ne s'acquiert et ne s'éteint pas de la même façon et, n'était le style, la loi de 2008 a bien fait de séparer ces deux mécanismes distincts.

La prescription acquisitive est parfois appelée aussi usucapion : expression heureuse qui évoque par elle-même le phénomène de captation par l'usage.

Car c'est là l'originalité choquante du mécanisme : il suffit d'occuper un bien en tant que possesseur — c'est-à-dire publiquement et comme un propriétaire (cf. *supra*, art. 2255) — même de parfaite mauvaise foi, pour en devenir légalement propriétaire au bout de trente ans !

Par conséquent, lorsqu'on dit que le droit de propriété ne s'éteint pas par prescription (cf. *supra*, art. 2219), c'est en réalité sous une importante réserve : que le propriétaire inactif ne soit pas supplanté en fait par un occupant dont la situation sera consacrée juridiquement au bout de trente ans, le droit du propriétaire en titre s'effaçant alors devant celui de l'usurpateur.

Quelle raison d'être à un mécanisme à première vue aussi cynique ?

Tout simplement la commodité pratique de la preuve : la recherche de titres très anciens et surtout leur application concrète sur le terrain peut être complexe et hasardeuse et la loi a jugé plus simple de s'en rapporter à la situation qui s'est établie durablement en fait sans contestation, présumant qu'elle correspond le plus souvent à un accord.

À la vérité, les progrès de la conservation notariée des documents pourraient justifier que cette présomption, légitime en 1804, ne soit plus désormais qu'une présomption simple. Mais il faut avoir égard aussi à la sécurité des transactions et donc des acquéreurs : celui qui achète un bien à quelqu'un pouvant justifier que lui et ses auteurs le possèdent publiquement et sans trouble depuis trente ans au moins est en droit d'être à l'abri des revendications du titulaire d'un titre plus ancien encore. Après tout, ce titulaire n'avait qu'à se manifester plus tôt !

En définitive, le mécanisme de l'usucapion, assurément injuste intrinsèquement, n'est que l'expression de cette vérité que, si absolu soit-il, le droit de propriété est comme les autres dominé par l'intérêt général : et la sécurité des transactions est un impératif d'intérêt général qui prime la protection des droits individuels.

Article 2274

« La bonne foi est toujours présumée, et c'est à celui qui allègue la mauvaise foi à la prouver ».

À partir de ce texte écrit pour une hypothèse très particulière (le cas du possesseur de bonne foi, c'est-à-dire ignorant que son titre de propriété est entaché d'un vice, à qui l'on octroie un délai abrégé pour être à l'abri d'une revendication du véritable propriétaire), les tribunaux ont dégagé une règle très générale, applicable à tous les cas dans lesquels la bonne ou mauvaise foi d'une partie commande des solutions juridiques distinctes : la bonne foi se présume et c'est à celui qui prétend tirer avantage de la mauvaise foi de son adversaire d'établir la preuve de cette mauvaise foi.

Or ces cas sont très nombreux et peuvent se ranger en deux catégories, auxquelles correspondent deux notions différentes de la bonne foi.

La bonne foi s'entend d'abord, comme dans le cas particulier envisagé par l'article 2274, de l'ignorance d'une situation juridique qui est réelle mais non apparente : de nombreuses règles viennent protéger celui qui a cru de bonne foi à cette apparence (ainsi non seulement du possesseur de bonne foi, précité, mais pareillement de l'époux de bonne foi, ignorant que son mariage est entaché de nullité, ou du contractant de bonne foi, ignorant que le mandataire avec qui il a traité était dépourvu de réel pouvoir, ou encore du porteur de bonne foi d'un effet de commerce).

Dans tous ces cas, la présomption de bonne foi repose, non pas sur une vision angélique des sujets de droit, mais sur une évidence du droit de la preuve : il est possible de prouver qu'une personne connaissait la situation réelle, car c'est un fait positif alors qu'il est au contraire impossible d'établir qu'on ne connaissait pas la vérité, preuve purement négative.

Mais la bonne foi recouvre aussi parfois une notion différente, correspondant au comportement d'une personne : ainsi du débiteur de bonne foi qui ne peut s'acquitter malgré ses efforts (et qui peut donc être admis au bénéfice de la procédure de surendettement) ; ou du contractant qui exécute son contrat de bonne foi, c'est-à-dire en respecte l'esprit sans abuser de juridisme.

Bien que l'on ne retrouve pas dans cette seconde catégorie la raison technique de la preuve négative impossible, la jurisprudence lui a étendu la présomption de bonne foi, ce qui revient en somme à considérer que tout citoyen est présumé honnête, sorte de transposition civiliste de la présomption d'innocence. Ici, cela devient un pari presque rousseauiste sur la nature humaine.

Article 2276

« En fait de meubles, la possession vaut titre. Néanmoins, celui qui a perdu ou auquel il a été volé une chose peut la revendiquer pendant trois ans à compter du jour de la perte ou du vol, contre celui dans les mains duquel il la trouve; sauf à celui-ci son recours contre celui duquel il la tient ».

Ce texte n'a changé depuis 1804 que par son numéro : alors que les précédentes refontes partielles du Code avaient le plus souvent pris soin de préserver ceux des « articles phare » ancrés dans la mémoire collective des juristes, la réforme générale de la prescription en 2008 a déplacé le célébrissime article 2279 sans égards pour la commodité des recherches jurisprudentielles et bibliographiques.

La célèbre formule « en fait de meubles, possession vaut titre » s'entend en réalité ainsi : en fait de meubles (corporels), possession (de bonne foi) vaut titre (de propriété).

C'est que, pour les meubles corporels, dont la circulation marchande doit être commodément rapide, la sécurité juridique exige une protection immédiate de l'acquéreur, qui doit pouvoir se fier à la situation apparente et tenir celui qui a le bien entre ses mains pour habilité à le lui transférer, sans être contraint de lui réclamer la présentation de titres. Aussi, cet acquéreur, pourvu qu'il soit de bonne foi (c'est-à-dire ignore qu'en réalité le bien appartient à un tiers), est-il investi par la loi du titre de propriétaire aussitôt que lui est transférée la possession du meuble.

À cette sorte d'usucapion immédiate, le texte lui-même apporte toutefois une importante limite : dans le cas où le véritable propriétaire a été dépossédé par perte ou vol, cette usucapion est différée d'un délai de trois ans à compter de cette perte ou ce vol, délai pendant lequel le propriétaire dépossédé peut se faire restituer le bien en le revendiquant. Mais l'article suivant (art. 2277, ex art. 2280) apporte une compensation à l'acquéreur qui, malgré sa bonne foi, doit alors restituer le bien : s'il l'a acquis d'un marchand, il est en droit de s'en faire restituer le prix (utilité supplémentaire de conserver les factures de ses acquisitions...).

Article 2284

« Quiconque s'est obligé personnellement, est tenu de remplir son engagement sur tous ses biens mobiliers et immobiliers, présents et à venir ».

Matrice juridique du crédit, la règle énoncée par l'article 2284 exprime l'idée, fondamentale sur le plan économique, que le patrimoine constitue non pas le simple réceptacle de biens et de dettes appréhendées de façon autonome, mais, au contraire, une universalité de droit, autrement dit un ensemble indivisible qui, non seulement, transcende son contenu, mais surtout, parce qu'il est mû par une cohésion, scelle les éléments qui le composent, activement et passivement, par un lien irréductible.

Émanation de la personnalité, dans la théorie retenue en droit français, le patrimoine est un contenant qui accueille des biens, des droits réels et personnels, mais aussi des dettes. De son lien avec la personne de son titulaire, on en déduit classiquement que chaque personne a un et n'a qu'un patrimoine, et que celui-ci est indivisible.

Sa nature d'universalité de droit emporte, elle aussi, des conséquences fondamentales : le créancier du titulaire du patrimoine bénéficie, en effet, d'un droit de gage général sur tous les biens qui sont inscrits à l'actif de cette masse homogène. En clair, il peut donc réclamer l'exécution de sa créance sur tous les biens et les droits qui composent l'actif patrimonial au jour de sa demande en paiement. Fruit de la cohésion qui irradie le patrimoine, tous les biens et les droits du débiteur, du moins ceux qui sont évaluables en argent, ont vocation à répondre de toutes ses dettes ; l'actif répond du passif.

La lettre du texte révèle aussi, toujours dans la même perspective de garantie des droits du créancier, que le patrimoine est animé par une sorte de mouvement perpétuel. Loin d'être figé, ce qui réduirait l'assiette du droit de gage général du créancier aux seuls biens existant au jour de la naissance de sa créance et serait fatal pour le crédit, le patrimoine évolue avec le temps. Le créancier peut donc compter sur tous les biens qui figureront dans le patrimoine lorsque le temps du paiement sera venu.

La mise en œuvre du droit de gage général qui garantit les intérêts légitimes du créancier s'effectue par la faculté reconnue à celui-ci de recourir aux voies d'exécution. Concrètement, le créancier qui se heurte à l'inexécution imputable à son débiteur peut procéder à des saisies sur les biens mobiliers et immobiliers de ce dernier.

Pour autant la garantie qu'offre ce droit de gage général aux créanciers n'est pas la panacée. En premier lieu, parce que ce droit n'est pas aussi général que cela. En effet, certains biens pourtant présents dans le patrimoine au jour de la demande en paiement exercée par le créancier échapperont à celui-ci, soit parce qu'ils sont indisponibles, soit parce qu'ils sont inaliénables, soit parce qu'ils sont insaisissables dans l'intérêt général ou dans l'intérêt du débiteur (biens corporels nécessaires à la vie et au travail du saisi et de sa famille et créances alimentaires, par ex.).

En second lieu, le droit de gage général se révèle une garantie fragile dans la mesure où il ne confère ni droit de suite ni droit de préférence aux créanciers. Aussi, ceux-ci ne pourront pas, du moins en principe, poursuivre le paiement de leurs créances sur des biens qui sont sortis du patrimoine de leur débiteur entre le jour de la naissance de leur créance et celui de l'action en paiement. En outre, comme l'énonce l'article 2285, « Les biens du débiteur sont le gage commun de ses créanciers ». Aussi, les biens qui composent l'actif du patrimoine du créancier ont vocation à satisfaire tous ses créanciers, lesquels souffriront nécessairement de cette concurrence dans la mesure du partage qui sera opéré entre tous les créanciers du débiteur.

D'où l'intérêt, sinon la nécessité, pour le créancier d'être, outre le droit de gage général et commun à tous, titulaire d'une sûreté pour être efficacement protégé contre l'insolvabilité de son débiteur.

Article 2288

« Celui qui se rend caution d'une obligation, se soumet envers le créancier à satisfaire à cette obligation, si le débiteur n'y satisfait pas lui-même ».

Article 2321

« La garantie autonome est l'engagement par lequel le garant s'oblige, en considération d'une obligation souscrite par un tiers, à verser une somme soit à première demande, soit suivant des modalités convenues.

Le garant n'est pas tenu en cas d'abus ou de fraude manifestes du bénéficiaire ou de collusion de celui-ci avec le donneur d'ordre.

Le garant ne peut opposer aucune exception tenant à l'obligation garantie.

Sauf convention contraire, cette sûreté ne suit pas l'obligation garantie ».

Article 2322

« La lettre d'intention est l'engagement de faire ou de ne pas faire ayant pour objet le soutien apporté à un débiteur dans l'exécution de son obligation envers son créancier ».

Deux cent neuf ans ! Tel est l'âge de l'article 2288 (du moins l'article, car son numéro a changé) qui définit le cautionnement, alors même que, comme on peut s'en douter, beaucoup de choses ont évolué à propos de cette sûreté, dont il convient de préciser qu'elle appartient, comme la garantie autonome et la lettre d'intention, lesquelles n'ont pas encore atteint l'âge légal de raison, à la catégorie des sûretés personnelles. Qualification qui se traduit par l'adjonction d'un nouveau débiteur au profit du créancier, alors que, par l'effet d'une sûreté réelle, celui-ci devient titulaire d'un droit réel accessoire sur un bien appartenant à son débiteur.

Techniquement, le cautionnement est d'abord un contrat qui unit le créancier et la caution, et qui suppose donc une manifestation de volonté de cette dernière. C'est ensuite un contrat unilatéral, en ce sens que seule la caution souscrit un engagement, dont l'objet réside dans le paiement de la dette d'autrui, le débiteur principal, si celui-ci ne paie pas son créancier. Le cautionnement est, en outre, un contrat à titre gratuit, ce que ses origines expliquent, en ce sens que le débiteur garant qu'est la caution ne reçoit pas de contrepartie de son cocontractant. Enfin, le cautionnement, et c'est son trait caractéristique, est un contrat accessoire par rapport à l'obligation principale dont il garantit l'exécution. De ce caractère accessoire, se déduisent de multiples conséquences quant aux règles qui le gouvernent de sa conclusion jusqu'à son extinction : son existence et sa validité supposent une obligation principale valable, la mesure de l'engagement souscrit par le débiteur caution est déterminée en fonction de celui souscrit par le débiteur principal, son efficacité dépend pour une très large part de l'obligation principale garantie, puisque la caution peut opposer au créancier les moyens de défense que peut lui opposer le débiteur principal, enfin l'extinction de l'engagement du débiteur garant est intimement liée à la vitalité de l'obligation principale garantie.

À l'origine, le cautionnement est un petit contrat de bienfaisance qui se pratique dans le cercle familial ou amical et qui permet de rendre service à titre gracieux à un parent ou un ami qui souhaite souscrire un engagement, mais qui n'a pas les moyens de ses ambitions contractuelles. C'est dans cette perspective que les rédacteurs du Code civil ont conçu le régime de cette sûreté, lequel n'a pas varié d'un pouce, deux siècles plus tard, alors même que la pratique du cautionnement, elle, a connu de très profondes mutations. En substance, le cautionnement est devenu une technique de crédit souvent pratiquée par les consommateurs et les entreprises dans la perspective d'un endettement, dans laquelle les établissements de crédit jouent un rôle prépondérant, soit en qualité de créancier cautionné, soit en qualité de caution intéressée. Aussi, fatalement, parce qu'elles sont devenues assez largement inadaptées, les règles du Code civil ont été complétées par le législateur, mais dans d'autres codes, et par la jurisprudence, essentiellement pour protéger les cautions contre les risques du cautionnement.

Le protectionnisme dont la caution est aujourd'hui l'objet, qui se traduit notamment par un formalisme informatif et *ad validitatem* assez rigoureux, a conduit la pratique à imaginer des sûretés personnelles à la fois plus souples dans leur constitution et plus rigoureuses dans leurs effets. Adoubées par la Cour de cassation, la garantie autonome et la lettre d'intention, ont été consacrées par le législateur à l'occasion de la réforme du droit des sûretés du 23 mars 2006. Alors que le cautionnement a malheureusement « échappé » à cette réforme pour des raisons politiques, ces deux nouvelles sûretés personnelles, dépourvu de caractère accessoire et dotées d'un régime très libéral et avantageux pour le créancier, ont désormais acquis droit de cité dans le Code civil.

Article 2393

« L'hypothèque est un droit réel sur les immeubles affectés à l'acquittement d'une obligation.
Elle est, de sa nature, indivisible, et subsiste en entier sur tous les immeubles affectés, sur chacun et sur chaque portion de ces immeubles.
Elle les suit dans quelques mains qu'ils passent ».

Promue jadis au rang de reine des sûretés, l'hypothèque devait ce titre prestigieux au fait qu'elle conciliait tous les intérêts en présence. Ceux du débiteur, d'abord, puisqu'il s'agit d'une sûreté sans dépossession qui lui permet de conserver toutes les prérogatives qu'il tire de son droit de propriété sur son immeuble hypothéqué, dont il peut donc continuer à user, jouir et disposer; l'hypothèque n'emporte, en effet, aucun démembrement de propriété au détriment du débiteur propriétaire. Toujours dans l'intérêt du débiteur, l'hypothèque lui permet d'obtenir aisément du crédit dans la perspective de l'acquisition d'un immeuble qui en constituera l'assiette physique. Les intérêts du créancier, ensuite, sont préservés puisque celui-ci devient, par la grâce de l'hypothèque, titulaire d'un droit réel et qu'il peut donc exercer, en tant que tel, un droit de suite et un droit de préférence qui lui assurent une très forte garantie de paiement de sa créance. Les tiers, enfin, sont assurés car l'hypothèque est soumise à un régime de publicité qui permet l'information des tiers quant à l'existence d'une éventuelle hypothèque grevant l'immeuble qu'ils souhaitent acquérir.

Reste que, depuis le Code civil qui l'avait couronnée, l'hypothèque a quelque peu vacillé sur son trône, en raison non seulement des lourdeurs inhérentes à sa constitution, qui supposent l'établissement d'un acte authentique et l'accomplissement des formalités inhérentes à la publicité foncière, mais encore de la concurrence d'autres sûretés moins lourdes à mettre en place et pas toujours moins efficaces. La récente réforme du droit des sûretés (Ord. du 23 mars 2006) s'est attachée à redorer le blason de l'hypothèque en introduisant un peu plus de souplesse dans sa constitution et dans sa réalisation, notamment.

Pour l'essentiel, les éléments constitutifs de l'hypothèque sont énumérés par l'article 2393. D'abord, cette sûreté confère un droit réel au créancier dont l'objet réside dans la valeur du droit de propriété ou du droit réel (usufruit par exemple) qui en est grevé. Comme le dernier alinéa du texte le précise, le créancier hypothécaire, ès qualités de titulaire d'un droit réel, bénéficie d'un droit de suite qui lui permet de faire vendre l'immeuble hypothéqué entre les mains d'un tiers qui l'aurait ultérieurement acquis. Surtout, le créancier pourra, en vertu de son droit de préférence, être payé en priorité sur la valeur de l'immeuble, par rapport aux créanciers non munis de sûretés et aux créanciers hypothécaires dont l'hypothèque aura été postérieurement inscrite. L'hypothèque est, ensuite, un droit réel immobilier : « Les meubles n'ont pas de suite par hypothèque » (art. 2398), en principe. C'est, en outre, un droit réel accessoire qu'engendre cette sûreté en ce sens qu'elle est affectée au paiement d'une créance dont elle épouse donc nécessairement les contours et suit les évolutions inhérentes à sa vitalité et à sa transmission. L'hypothèque est indivisible, précise enfin le texte. Cette indivisibilité emporte plusieurs conséquences, en cas de divisibilité de la créance ou de la dette : en premier lieu, l'immeuble hypothéqué garantit l'intégralité de la créance, même si, à la suite du décès du créancier, celle-ci se divise entre ses créanciers; en deuxième lieu, et inversement, le décès du débiteur ne fragilise pas le droit du créancier qui peut poursuivre l'héritier de l'immeuble, débiteur partiel, pour l'intégralité de l'immeuble hypothéqué.

Table des matières

Titre préliminaire
De la publication, des effets et de l'application des lois en général

Livre Ier. Des personnes

Titre I
Des droits civils

Titre V
Du mariage

Titre VI
Du divorce

Titre VII
De la filiation

Titre IX
De l'autorité parentale

Titre X
De la minorité, de la tutelle et de l'émancipation

Titre XI
De la majorité et des majeurs protégés par la loi

Titre XIII
Du pacte civil de solidarité et du concubinage

Livre II. Des biens et des différentes modifications de la propriété

Titre I
De la distinction des biens

Titre II
De la propriété

Titre III
De l'usufruit, de l'usage et de l'habitation

Titre IV
Des servitudes ou services fonciers

Livre III. Des différentes manières dont on acquiert la propriété

Titre I
Des successions

Titre II
Des libéralités

Titre III
Des sources d'obligations

Titre IV
Du régime général des obligations

Titre IV *bis*
De la preuve des obligations

Titre V
Du contrat de mariage et des régimes matrimoniaux

Titre VI
De la vente

Titre VIII
Du contrat de louage

Titre X
Du prêt

Titre XII
Des contrats aléatoires

Titre XIII
Du mandat

Titre XV
Des transactions

Titre XX
De la prescription extinctive

Titre XXI
De la possession et de la prescription acquisitive

Livre IV. Des sûretés

Titre Ier
Des sûretés personnelles

Titre II
Des sûretés réelles

collection *À savoir*

La Constitution européenne, O. Duhamel
Codes noirs, C. Taubira, avec A. Castaldo
Homosexuels. Quels droits ?, J. Lang, D. Borrillo
Le droit des femmes, É. Pisier, avec S. Brimo
Les droits des enfants, S. Royal
Locutions latines juridiques, collectif
Lois et mœurs du rugby, F. Galthié, J. Lacouture
Les discriminations positives, J. Bougrab
L'abolition de la peine de mort, R. Badinter
Le Coran tolérant, D. Boubakeur
Un traité pour l'Europe, N. Sarkozy
Le nouveau Code du travail, A. Lyon-Caen, A. Fabre
Le président des États-Unis, C. Ockrent, avec B. Perreau
Obama, petite encyclopédie, M. Kravetz
Les constitutions de la France, de la Révolution à la IVe République, F. Mélin-Soucramanien
Le droit et les Juifs, D. Lochak
Pour la planète, D. Cohn-Bendit, avec É. Gaudot
Paroles de philosophes, L. Ferry
Obama président, petite encyclopédie, M. Kravetz
La révolution numérique, É. Scherer
Les droits de l'animal, J.-M. Coulon, J.-C. Nouët
50 droits des ados, M. Hirsch, avec I. Djordjevic
Les interdits religieux, C. Fourest, F. Venner
Le football. Les lois d'un jeu, L. Vallée
Les mots de de Gaulle, D. Tillinac
Les grandes démocraties, F. Mélin-Soucramanien
Petit dictionnaire de la fraude fiscale, M.-P. Prat, C. Janvier
Bioéthique, D. Borrillo
Paroles de présidents, 2e éd., J. Lacouture
Guerre d'Algérie, droit et non-droit, A. Heymann-Doat

Les droits des malades, C. Kouchner, avec A. Delhaye
La Convention européenne des droits de l'Homme, 3e éd., F. Moderne
Les grandes dates de la Ve République, R. Ghevontian
Les droits des profs, M. Debène
L'euro, J.-P. Vesperini
La justice et les enfants, J.-P. Rosenczveig
Gens du Voyage, M. Bordigoni
L'héritage, C. Pisani
Les langues de France, A. Filippetti
La condition militaire, J.-Ph. Wirth
La charia, N. Bernard-Maugiron, J.-Ph. Bras
La prostitution, J. Mossuz-Lavau
Police, pouvoirs et devoirs, J. Buisson
QPC, la œquestion prioritaire de constitutionnalité, 2e éd, G. Carcassonne, O. Duhamel, avec A. Duffy
Adages et maximes du droit français, 2e éd., J. Hilaire
Erreurs judiciaires, D. Salas
Terrorismes, A. Bauer, C. Soullez
La Déclaration universelle des droits de l'Homme, S. Hennette-Vauchez
50 droits contre l'exclusion, 2e éd., Ansa, avec Droits d'Urgence
La liberté d'expression, G. Muhlmann, avec E. Decaux et É. Zoller
La Légion d'honneur, J.-L. Georgelin
La parole est à l'avocat, 3e éd., O. Duhamel, J. Veil
Le handicap, B. Lavau
L'état d'urgence, K. Roudier, A. Geslin, D.-A. Camous
La laïcité, 3e éd., M. Miaille
Constitution de la République française, F. Mélin-Soucramanien
Le nouveau droit des contrats et des obligations, F. Chénedé

Les mots de Mitterrand, A. Bergounioux
Les élections présidentielles, 2e éd.,
M. Ballet, O. Duhamel
Étrangers. Quels droits ?, Gisti
Les grandes dates de la République, C. Prochasson
Le droit d'asile, M. Denis-Linton
La torture, S. Portelli
50 libertés et droits fondamentaux, 2e éd.,
A. Heymann-Doat
Les grands articles du code pénal, 3e éd.,
Y. Mayaud
Les grands principes du droit du travail,
Comité présidé par R. Badinter
Le mariage pour tous, A. Le Bras-Chopard
▸ *Les grands articles du code civil*, 3e éd.,
A. Bénabent, D. Mazeaud

pca
cmb
édition pré-presse
livres numériques

44400 Rezé

Achevé d'imprimer sur les presses de
L.E.G.O. S.p.A.
Italie
Dépôt légal : août 2017
716147 – (I) – OSB 60g – CMB – (EDO)
Achevé d'imprimer en août 2017